Baby & Familie

Babys erster *Brei*

Inhalt

Ran an den Löffel — 6

Der erste Brei – wann geht's los? — 8
Anfangs: am besten Schritt für Schritt — 9
Wissenswertes für einen guten Start — 10
Kleine Breikunde — 12
Die wichtigsten Nährstoffe im Überblick — 16
Diese Lebensmittel bitte nicht im 1. Lebensjahr — 17
Getränke? Sinnvoll ab dem dritten Brei — 18
Milch im ersten Lebensjahr — 19
Kleine Gemüsekunde — 20
Gar nicht so einfach: Die Sache mit dem Fisch — 22
Wenn unterwegs plötzlich der Hunger kommt — 23
Darf ich mein Baby vegetarisch ernähren? — 24
Hilfe bei kleinen Hürden — 25

Wertvolle Lebensmittel fürs erste Jahr — 26

- Erbsen — 28
- Erdbeere — 30
- Fenchel — 32
- Fleisch — 34
- Getreide — 36
- Kürbis — 38
- Orange — 40
- Rapsöl — 42

Rezepte für kleine Feinschmecker — 44

- Gemüse-Kartoffel-Fleisch-Brei ab dem 5. Monat — 46
- Milch-Getreide-Brei ab dem 6. Monat — 68
- Getreide-Obst-Brei ab dem 7. Monat — 84

Kombi-Rezepte für Eltern und Kind — 100

Umstieg auf feste Nahrung — 112

Register — 124

Impressum — 126

Liebe Leserin, lieber Leser

Das erste Lebensjahr ist eine Reise ins Abenteuer, in dem Ihr Baby einen wichtigen Entwicklungsschritt nach dem anderen macht. Auch das Essenlernen gehört dazu. Schon im Mutterleib und über die Muttermilch lernt Ihr Kind erste Aromen kennen und schätzen. Wenn es ab dem Alter von fünf bis sieben Monaten seine ersten Breiversuche startet, kommen viele neue Geschmackserlebnisse hinzu. Sie werden feststellen, dass Ihr Kind seine ganz eigenen Vorlieben hat. Bei manchen Aromen wird es vielleicht ein wenig dauern, bis Ihr Baby sie akzeptiert. Geben Sie dann nicht gleich auf – oft braucht es mehrere Versuche, bis ein Kind wortwörtlich auf den Geschmack kommt.

Wenn Sie ihm den Brei selbst zubereiten, haben Sie es selbst in der Hand, Ihrem Kind eine große Vielfalt anzubieten. Abwechslungsreiche, frisch gekochte Breie sind einfach sicher herzustellen. Dieses Baby&Familie-Buch hilft Ihnen dabei. Sarah Schocke, Ökotrophologin und selbst Mama von zwei kleinen Kindern, hat gesunde Rezepte für das erste Lebensjahr erstellt. Zusätzlich gibt es wichtige Infos zur Babyernährung, sodass Sie unbeschwert in die Breizeit starten können.

Viel Freude dabei wünschen Ihnen

Stefanie Becker & Sarah Schocke

Babys erster Brei

Ran an den Löffel

Der erste Brei – wann geht's los?

Der Beikoststart ist ein Meilenstein in der Entwicklung und läutet das gemeinsame Familienleben am Esstisch ein. Los geht es frühestens am Anfang des fünften und spätestens zu Beginn des siebten Monats. Dann übersteigt der Nährstoff- und Energiebedarf des Babys das, was die Muttermilch allein liefern kann. Nach und nach ersetzen nun Breimahlzeiten die Still- und Fläschchenmahlzeiten. Mutter- oder Säuglingsmilch gibt es zunächst weiterhin begleitend. Gerade zu Beginn der Beikost deckt diese noch einen Großteil der Nährstoffe ab. Die Ernährung mit Beikost heißt übrigens nicht automatisch Still-Stopp. Mutter und Baby dürfen so lange stillen, wie beide das möchten.

Wählen Sie für den ersten Brei eine Zeit, in der Sie genug Ruhe haben. Ihr Kind sollte keinen Infekt haben und nicht mit anderen Dingen beschäftigt sein, etwa dem Zahnen oder einer Kita-Eingewöhnung. Und nehmen Sie eine Prise Geduld mit an den Tisch. Die Umstellung vom Saugen auf das Lutschen vom Löffel ist ein großer Schritt. Verwenden Sie möglichst einen weichen, abgerundeten Löffel, denn Babys Mund ist noch sehr empfindlich. Außerdem lernt Ihr Kind völlig neue Geschmäcker kennen – Gemüse ist ganz anders als Milch. Daher vergehen vom ersten Löffelchen Gemüsemus bis zur vollständigen Einführung des Gemüse-Kartoffel-Fleisch-Breis einige Tage oder auch mal Wochen. Bis der Brei vollständig eingeführt ist, ergänzen Stillen oder Fläschchen weiter begleitend die Mahlzeit. Jedes Kind is(s)t anders.

Fünf Zeichen,

an denen Sie erkennen, dass Ihr Kind reif für die Beikost ist. Ihr Baby …
- kann mit Hilfe aufrecht sitzen und den Kopf eigenständig halten. Das ist wichtig, damit es den Kopf wegdrehen und so signalisieren kann: Ich möchte nicht mehr.
- kann gezielt nach Dingen greifen und sich in den Mund stecken.
- interessiert sich für das Essen der Großen (Eltern, Geschwister …).
- öffnet den Mund, wenn Sie ihm etwas zum Kosten anbieten.
- drückt bei den Fütterversuchen nicht den Brei mit der Zunge aus dem Mund heraus.

Anfangs: am besten Schritt für Schritt

Klassischerweise startet die Beikost mit dem Gemüse-Kartoffel-Fleisch-Brei. Dieser liefert unter anderem eine gute Portion Eisen, das über die Muttermilch nicht mehr ausreichend zugeführt wird. Alternativ können Sie auch mit der vegetarischen Brei-Option beginnen. Diese versorgt Ihr Baby mit Eisen durch Hafer- oder Hirseflocken anstelle von Fleisch.

Der erste Brei wird in kleinen Schritten eingeführt, wobei jedes Baby sein eigenes Tempo hat und die Zeiträume auch etwas länger dauern können:

- In Woche 1 kommt nur püriertes Gemüse, zum Beispiel Möhren, Kürbis oder Pastinake, auf den Löffel.

- Etwa in Woche 2 kommen Kartoffeln und 1 EL Rapsöl zum Brei hinzu.

- Etwa in Woche 3 machen Bio-Fleisch und 1½ EL Vitamin-C-reicher Direktsaft den Brei komplett.

Ist der Mittagsbrei vollständig eingeführt, folgt darauf der Milch-Getreide-Brei am Abend. Und circa einen Monat später der Getreide-Obst-Brei am Nachmittag. Sobald sich Ihr Baby an den neuen Brei gewöhnt hat, können Sie mit dem nächsten starten. Nachmittags- und Abendbrei werden übrigens jeweils komplett und nicht mehr schrittweise eingeführt.

Ab etwa dem zehnten Monat wird die morgendliche Still- oder Fläschchenmahlzeit schließlich durch die Teilnahme am Familienfrühstück ersetzt, zum Beispiel mit einer Scheibe fein gemahlenem Vollkornbrot mit Nussmus und Himbeeren.

Vitamin-C-reich ...

... bedeutet, dass ein Saft 20 bis 30 mg Vitamin C pro 100 ml Flüssigkeit aufweist.

Wissenswertes für einen guten Start

Worauf Sie bei der Zubereitung achten sollten:

- Bereiten Sie den Brei für Ihr Kleines selbst zu, achten Sie darauf, dass alle Küchengeräte stets sehr sauber sind.

- Dampfkochtopf oder Thermomix sind nicht notwendig: Im normalen Topf geht es genauso einfach. Wählen Sie einen möglichst kleinen. So benötigen Sie weniger Wasser und können zudem kleine Portionen besser pürieren. Ist der Brei zu dick, mit etwas Wasser verdünnen.

- Frisch gekochtes, püriertes Fleisch lässt sich prima sofort nach der Zubereitung als 30-Gramm-Portionen in Eiswürfelboxen einfrieren und bei Bedarf schnell wieder erwärmen. Wichtig: Den Eiswürfelbehälter fest verschließen, so wird der Brei hygienisch einwandfrei aufbewahrt.

- Die ersten Monate prägen Geschmacksvorlieben entscheidend. Deshalb sollten Sie auf zusätzliche Würze im Babybrei verzichten. Insbesondere Zucker oder Salz fördern ungesunde Essgewohnheiten bei Heranwachsenden und im Erwachsenenalter. Lassen Sie daher Zucker und Salz so lange wie möglich weg.

Tipps für richtiges Einfrieren und Auftauen:

- Bei einer Temperatur von −18 °C ist der Brei bis zu zwei Monate haltbar.

- Tauen Sie den Brei erst unmittelbar vor Babys Mahlzeit auf, am besten im warmen Wasserbad.

- Wird Brei in der Mikrowelle erwärmt, können sich besonders heiße Stellen bilden, weil die Erhitzung nicht gleichmäßig verläuft. Breie sollten Sie daher vor dem Füttern immer gut durchrühren und prüfen, ob die Verzehrtemperatur in Ordnung ist.

- Haben Sie den Brei einmal aufgetaut, dürfen Reste nicht erneut aufgewärmt oder eingefroren werden.

Aller Anfang ist neu:

- Lassen Sie sich und Ihrem Baby vor allem viel Zeit, sich an die neuen Eindrücke und Erlebnisse zu gewöhnen.

- Sprechen Sie Ihrem Kind gut zu, lächeln Sie beim Füttern und schenken Sie ihm Ihre ungeteilte Aufmerksamkeit bei den ersten Löffelversuchen. Manchmal hilft es auch, Ihr Baby zu den ersten Breimahlzeiten auf den Schoß zu nehmen, damit Ihr Kleines sich sicher und geborgen fühlt.

- Wenn Ihr Kind nach den ersten Löffeln nicht weiteressen mag, drängen Sie es nicht, versuchen Sie es später. Bedenken Sie jedoch, immer eine neue, frisch zubereitete Breimahlzeit anzubieten.

Kleine Breikunde

Die drei verschieden zusammengesetzten Babybreie ergänzen sich gegenseitig in der Nährstoffzusammensetzung und gleichen aus, was Säuglinge in der ausschließlichen Milchnahrung nicht mehr ausreichend bekommen. Stillen Sie bis zum letzten Brei begleitend oder geben Sie Säuglingsnahrung im Fläschchen nach Bedarf, bekommt Ihr Baby genau das, was es für seine Entwicklung braucht.

Erster Brei: Gemüse-Kartoffel-Fleisch-Brei

Zutaten:
- Besonders geeignete Gemüsesorten nach Saison: u. a. Möhre, Pastinake, Fenchel, Kürbis, Steckrübe, Kohlrabi, Brokkoli, Erbsen.

GEMÜSE-KARTOFFEL-FLEISCH-BREI

100 g geschältes Gemüse
50 g geschälte Kartoffel
30 g Fleisch
ca. 50 ml Wasser
1½ EL Vitamin-C-reicher Saft, z. B. Orange
1 EL Rapsöl

Erster Brei

- Kartoffeln können ab und zu für mehr Vielfalt durch eine entsprechende Portion Vollkornnudeln, Reis (Vollkornreis) oder anderes Getreide ersetzt werden.

- Bio-Fleisch sollte mager und naturbelassen (ungewürzt) sein, z. B. Filet, Hüftsteak oder Schnitzel von Schwein oder Rind, Puten- oder Hähnchenbrust. Wenn möglich, verwenden Sie Fleisch aus Weidehaltung. Das liefert viele gesunde Omega-3-Fettsäuren. Fleisch kann gelegentlich durch grätenfreien Bio-Fisch aus nachhaltiger Fischerei ersetzt werden.

Tageszeit:
Dieser Brei wird in der Regel mittags gefüttert, kann aber auch abends gegeben werden.

Nährstoffe:
Dieser Brei liefert u. a. folgende Nährstoffe: Eiweiß, Eisen, Zink.

Alternative:
Vegetarischer Brei: Fleisch durch 10 g Haferflocken ersetzen. Die Saftmenge auf 3 ½ EL Vitamin-C-reichen Obstsaft oder -püree ohne Zuckerzusatz erhöhen, eventuell noch 2 bis 3 EL Wasser zufügen, falls der Brei zu fest wird. Restliche Zubereitung analog zum Fleisch-Brei.

Zweiter Brei: Milch-Getreide-Brei

Zutaten:
Getreideflocken, die sich eignen: Hafer, Weizen oder Dinkel als Flocken, Grieß oder als Instantprodukt – jeweils in der Vollkornvariante.

Nährstoffe:
Dieser Brei liefert u. a. folgende Nährstoffe: Eiweiß, Kalzium, Magnesium, Zink.

Tageszeit:
In der Regel wird dieser Brei abends gefüttert und als zweiter Brei eingeführt. Er kann aber auch nach dem Getreide-Obst-Brei am Nachmittag als Letztes eingeführt werden. Weitere Möglichkeit: den Milch-Getreide-Brei mittags geben und den Gemüse-Kartoffel-Fleisch-Brei am Abend.

MILCH-GETREIDE-BREI

200 ml Milch (ca. 3,5% Fett)
20 g Vollkorngetreideflocken
2 EL Vitamin-C-reicher Saft oder Obstpüree/zerdrücktes Obst

Dritter Brei: Getreide-Obst-Brei

Zutaten:
Dieser Brei sollte nur eine leichte Süßnote haben, um die Vorliebe für Süßes nicht zu stark zu fördern. Besonders geeignete Obstsorten: Apfel, Birne, Aprikose, Pfirsich, Himbeeren, Erdbeeren, Heidelbeeren. Intensiv süße Früchte wie Banane gern mal mit säuerlichem Beerenobst mischen und nur gelegentlich anbieten.

Nährstoffe:
Dieser Brei liefert u. a. folgende Nährstoffe: Ballaststoffe, Vitamine, vor allem Vitamin C, Mineralstoffe wie Eisen, Magnesium.

Tageszeit:
Dieser Brei wird in der Regel nachmittags gefüttert und als dritter Brei eingeführt. Er kann aber auch als zweiter Brei am Nachmittag anstelle des abendlichen Milch-Getreide-Breis gegeben werden.

Schnell mal selbst machen

Sie wollen selbst kochen, wünschen sich aber etwas Erleichterung? Bei Gemüse und Obst können Sie zu Tiefkühlkost ohne Zusätze greifen, sollten beides aber vor dem Verzehr gut durcherhitzen. Alternativ können Sie Babygläschen, bestehend aus einzelnen Zutaten wie reiner Pastinake oder reinem Kürbis mit frischen Lebensmitteln kombinieren. Sie kochen beispielsweise Kartoffeln und Fleisch und geben am Schluss Vitamin-C-reichen Saft, Rapsöl sowie ein Babygläschen Möhren dazu. Das kühlt gleichzeitig den Brei

GETREIDE-OBST-BREI

20 g Vollkorn-getreideflocken
90 ml Wasser
100 g geschältes Obst
1 TL Rapsöl

schneller auf Verzehrtemperatur herunter. Auch der Getreide-Obst-Brei lässt sich so bequem schnell zubereiten – einfach die Getreideflocken mit einem Obstgläschen vermengen, Rapsöl und gegebenenfalls noch etwas Wasser zugeben.

Kaufen oder selbst kochen?

Beikostprodukte aus dem Handel können das Leben erleichtern, weil sie bereits fertig zubereitet und streng kontrolliert sind, z. B. bezüglich Schadstoffbelastung und Nährstoffzusammensetzung. Allerdings schmeckt der Brei aus Gläschen weniger frisch und aromatisch als selbst zubereiteter. Achten Sie darauf, dass weder Zucker noch Salz zugesetzt sind. Zugesetztes Fruchtpulver etwa hat im Babybrei nichts zu suchen. Und fügen Sie dem Brei noch circa 1 TL Rapsöl hinzu. Aufgrund gesetzlicher Bestimmungen sind kommerzielle Beikostprodukte etwas fettärmer als für Babybrei empfohlen.

Die wichtigsten Nährstoffe im Überblick

Nährstoff	Funktion	u. a. enthalten in ...	Gut zu wissen
Eiweiß	Unterstützt das Wachstum und den Aufbau der Muskulatur.	Fleisch, Milch, Getreide, Hülsenfrüchte (z. B. Erbsen)	Zu viel Eiweiß kann die Nieren von Säuglingen überlasten. Daher nicht mehr als die 200 ml Milch im Milch-Getreide-Brei.
Fett	Dient als Energie- und Wärmespeicher, ist Bestandteil von Körperzellen und Hormonen.	Fleisch/Geflügel, Milch, Rapsöl	Fette mit optimaler Fettsäurezusammensetzung bevorzugen, z. B. Rapsöl. Nicht empfehlenswert sind beispielsweise raffiniertes Sonnenblumen-, Distel- oder Maiskeimöl.
Ballaststoffe	Stärken die guten Darmbakterien, machen länger satt.	Gemüse, Vollkorngetreide, Hülsenfrüchte (Erbsen), Obst	
Eisen	Wichtig für die Blutbildung, fördert den Sauerstofftransport in die Zellen.	Fleisch/Geflügel, Hafer, Hirse	Pflanzliches Eisen wird in Kombination mit Vitamin C besser vom Körper aufgenommen. Milch hemmt die Eisenaufnahme.
Vitamin C	Fördert die Eisenaufnahme, stärkt das Immunsystem.	Paprika, Brokkoli, Orangen, Erdbeeren, angereicherter Apfelsaft	Vitamin C ist hitzeempfindlich, erst am Schluss zugeben.
Kalzium	Unterstützt den Aufbau von Knochen und Zähnen.	Milch	
Jod	Fördert die Gehirnentwicklung und ist Bestandteil der Schilddrüsenhormone.	Angereicherte Babygläschen	Kinder, die überwiegend selbst gemachten Brei bekommen, benötigen ggf. Jodtabletten. Sprechen Sie Ihren Kinderarzt dazu an!

Diese Lebensmittel bitte nicht im ersten Lebensjahr

Auch wenn Ihr Baby von möglichst viel Abwechslung und Vielfalt profitiert, gibt es ein paar wenige Lebensmittel, die Sie meiden sollten.

Rohes und Geräuchertes

Rohmilchkäse, Rohschinken, Räucherlachs – davon sollte Ihr Baby nicht kosten. In diesen Lebensmitteln können sich Keime wie Salmonellen, Listerien oder Noroviren verbergen, die zu schweren Durchfällen oder Erbrechen führen können. Der Darm der Kleinsten ist einfach noch nicht so gut aufgestellt, dass er so eine Belastung gut abwehren kann.

Honig

Auch wenn es ein heimisches, gering verarbeitetes Produkt ist, darf Honig nicht in Babys Nahrung. Zum einen sollten ohnehin keine Zuckerzusätze in den Babybrei. Zum anderen kann Honig Sporen schädlicher Bakterien enthalten, mit denen das Abwehrsystem des Babys noch nicht zurechtkommt, sodass es sogar schwer krank werden kann. Die gleichen Bakterien können im Ahornsirup vorkommen.

Hartes

Nicht nur an kleinen harten Erdnüssen können sich Babys so verschlucken, dass diese in die Luftröhre gelangen und es schlimmstenfalls zu Atemnot kommt. Auch andere Nüsse oder harte Lebensmittel wie kleine Apfel- oder Möhrenstücke bergen diese Gefahr. Lieber weiches oder gegartes, klein geschnittenes Gemüse und Obst anbieten. Nüsse nur gemahlen oder als Nussmus wählen.

Salz und Zucker

Im Durchschnitt essen wir alle zu viel Zucker und zu viel Salz. Beides kann zu gesundheitlichen Problemen führen. Schon früh werden Geschmacksvorlieben ausgebildet. Und wer früh salzig oder überwiegend süß kennenlernt, neigt dazu, Menge und Intensität beizubehalten bzw. zu steigern. Daher die Empfehlung der Experten: so lange wie möglich rauszögern.

Getränke? Sinnvoll ab dem dritten Brei

Erst mit Einführung des dritten Breis benötigen kleine Essanfänger zusätzliche Flüssigkeit – und zwar etwa 200 ml pro Tag. Selbstverständlich dürfen Sie auch über den dritten Brei hinaus weiterstillen.

Der beste Durstlöscher für alle ist Wasser. Leitungswasser muss in der Regel nicht extra abgekocht werden, nur so lange aus der Leitung ablaufen lassen, bis es kalt aus dem Hahn kommt. Alternative: stilles Mineralwasser, das zur Zubereitung von Säuglingsnahrung geeignet ist. Ab und an können zur Abwechslung ungesüßte Tees wie Früchte-, Kräuter- oder Rotbuschtee die Getränkeauswahl ergänzen.

So geht's: Tee dünn aufbrühen (etwa ein Teebeutel auf 1 l Wasser), mit sprudelnd kochendem Wasser übergießen, 5 Minuten ziehen und dann handwarm abkühlen lassen. Manche Kräutertees enthalten unerwünschte Stoffe, daher Kräutertee nur ab und zu in kleinen Mengen (max. 50 ml) reichen. Vorsicht ist außerdem bei Instanttees geboten. Sie enthalten oft reichlich Zucker und sind daher für Kinder ungeeignet.

Getränke kommen am besten im Glas oder in einer Tasse auf den Tisch. So lernt Ihr Baby gleich von klein auf, wie man richtig trinkt. Getränke aller Art in Nuckelbechern, auch reines Wasser, sind bedenklich für die Zahngesundheit, sobald das Kind diesen Becher über längere Zeit zur Verfügung hat.

Aufgepasst bei neuen Kupferrohren!

Haben Sie gerade neue Leitungen bekommen? Dann nutzen Sie Leitungswasser für Ihr Baby lieber nicht. Denn neue Kupferrohre geben etwa sechs Monate lang erhöhte Mengen Kupfer ans Wasser ab. Das kann besonders für Ihren Nachwuchs gesundheitsschädlich sein. Nach etwa einem halben Jahr hat sich eine Schicht gebildet, die den Abgang erhöhter Mengen Kupfer eindämmt.

Milch im ersten Lebensjahr

Frühestens mit sechs Monaten ist Babys Bäuchlein bereit für Kuhmilch und bekommt diese dann als Bestandteil des Milch-Getreide-Breis. Kuhmilch ist ein wichtiger Kalziumlieferant und damit bedeutend für den Aufbau von Knochen und Zähnen Ihres Kindes. Einige pflanzliche Lebensmittel enthalten ebenfalls Kalzium, jedoch in geringerem Umfang als Kuhmilch.

Der Milch-Getreide-Brei enthält 200 ml Kuhmilch (ca. 3,5 % Fett) und mehr sollten es bis zum ersten Geburtstag auch nicht sein. Das liegt daran, dass Kuhmilch im Vergleich zur Muttermilch etwa dreimal so viel Eiweiß und einen höheren Mineralstoffgehalt hat. Beides kann im Übermaß die Nieren der Kleinen belasten. Außerdem behindern Milch und Milchprodukte die Eisenaufnahme. Daher sind der Gemüse-Kartoffel-Fleisch- sowie der Getreide-Obst-Brei milchfrei. Für mehr Abwechslung können Sie den Milch-Getreide-Brei gelegentlich statt mit Kuhmilch auch mal mit 200 g Joghurt (3,5 % Fett) zubereiten.

Kuhmilch als Getränk sollte erst mit dem Übergang zur Familienkost auf den Tisch kommen, am besten im Rahmen einer Brotmahlzeit. Nach dem ersten Geburtstag kann die Milchmenge von 200 ml auf 300 ml am Tag erhöht werden. Diese Mengen beziehen sich nicht nur auf Kuhmilch, sie schließen auch Milchprodukte wie Joghurt oder Käse mit ein.

Ungeeignet für Babybrei

Nutzen Sie für Babys und Kleinkinder ausschließlich pasteurisierte oder hocherhitzte Kuhmilch. Roh- und Vorzugsmilch können für kleine Kinder gefährliche Keime und Bakterien enthalten. Fettarme Milch sowie Magermilch sind für die Beikost ungeeignet, da Kinder im ersten Lebensjahr einen hohen Fettbedarf haben. Auch Milchersatzprodukte auf pflanzlicher Basis, insbesondere Sojadrinks, sind keine Alternative zur Kuhmilch. Sojaprodukte können für Kleinkinder gesundheitlich bedenkliche Inhaltsstoffe enthalten.

Schon gewusst?

Bio-Milch bringt circa 50 Prozent mehr Omega-3-Fettsäuren und leicht erhöhte Anteile an Vitamin E und Eisen, jedoch kaum Jod mit, im Vergleich zu konventioneller Milch.

Kleine Gemüsekunde

Es gibt eine große Auswahl, doch welches Gemüse ist das Beste für Babys? Grundsätzlich profitieren kleine Essanfänger von einer möglichst großen Vielfalt. Orientieren Sie sich möglichst an dem, was aus der Region kommt und gerade Saison hat. Im Winter etwa Pastinaken, im Sommer zum Beispiel Blumenkohl oder Zucchini. Der Vorteil von regionalen Lebensmitteln: Sie werden reif geerntet und lange Transportwege fallen weg. Dadurch sind Qualität, Geschmack, Reife und Nährstoffgehalt oft hoch. Weiteres Plus: Was gerade Saison hat und regional geerntet wird, kostet weniger als importierte Ware und schont damit nicht nur die Umwelt, sondern auch den Geldbeutel. Bio-Ware ist kein Muss, bietet aber Vorteile: Der Anbau erfolgt umweltschonender, die Lebensmittel sind seltener mit Rückständen belastet und teilweise schmeckt das Gemüse besser, weil die Aromen intensiver sind. Ob bio oder nicht – wichtig ist, dass Sie möglichst knackige Exemplare erwischen.

Frische Ware …

- … ist fest, knackig und hat keine welken Blätter.

- … hat an den Schnittstellen keine Verfärbung.

- … riecht frisch.

- … hat keine grünen Stellen und keimt nicht (bezogen auf Kartoffeln).

Gemüse lagern

Frische Lebensmittel kaufen Sie am besten in kleinen Portionen und brauchen diese rasch auf. Lange Lagerung lässt den Nährstoffgehalt von Lebensmitteln sinken, da sich bestimmte Vitamine und Mineralstoffe mit der Zeit abbauen. Wenn Sie Gemüse auf Vorrat kaufen, dann lagern sie dieses am besten kühl und dunkel.

Mehr Schutzstoffe in Bio-Lebensmitteln

Bio-Gemüse enthält mehr sekundäre Pflanzenstoffe, die für unsere Gesundheit wichtig sind. Sekundäre Pflanzenstoffe sind Schutzstoffe, die Pflanzen bilden, um sich vor Fraßfeinden zu schützen. Obst und Gemüse aus konventioneller Landwirtschaft, die mit Pflanzenschutzmitteln besprizt werden, müssen selbst weniger Schutzstoffe zur Abwehr von Fraßfeinden ausbilden.

Gemüse richtig zubereiten

Was für die Lagerung gilt, ist auch fürs Garen entscheidend: so lange wie nötig, so kurz wie möglich. Dämpfen oder dünsten Sie die Zutaten in möglichst wenig Flüssigkeit, so können weniger Nährstoffe ins Wasser gelangen und damit verloren gehen. Haben Sie nur wenig Flüssigkeit, kann diese mitpüriert werden und die Nährstoffe bleiben erhalten. Kochen Sie alles einmal kurz auf und garen Sie es anschließend auf niedriger Stufe bei geschlossenem Deckel fertig. So bleiben mehr Vitamine erhalten. Übrigens können Sie bissfestes Gemüse für Babys fein pürieren, es muss nicht komplett weich gegart sein.

Gar nicht so einfach: die Sache mit dem Fisch

Das Netzwerk Gesund ins Leben empfiehlt 1 bis 2 Mal pro Woche Fleisch durch ein kleines Stück (ca. 30 g) grätenfreien Fisch im Gemüse-Kartoffel-Fleisch-Brei zu ersetzen. Bestimmte Fischsorten versorgen Ihr Baby mit Jod oder Omega-3-Fettsäuren. Wer den Brei überwiegend selbst zubereitet, gibt seinem Baby gegebenenfalls ohnehin zusätzlich Jod, um die empfohlenen Mengen zu erreichen. Sprechen Sie sich dazu am besten mit Ihrem Kinderarzt ab. Und Omega-3-Fettsäuren stecken unter anderem in Rapsöl.

Viele Fischbestände sind massiv bedroht, immens überfischt oder bereits erschöpft. Zuchtfisch aus Aquakulturen, eine mögliche Alternative, bringt neue Probleme mit: Die Haltung ist nicht immer nachhaltig und im Sinne des Tierwohls. Raubfische aus Aquakulturen wie Lachs oder Forelle benötigen Fischmehl im Futter, das auch aus Wildfängen stammt. Und die Fische, die aus ökologischer Sicht am empfehlenswertesten sind, enthalten mitunter zu wenig Jod oder Omega-3-Fettsäuren. Doch das sind genau die Inhaltsstoffe, die Fisch so wertvoll machen.

Kleine Hilfe für verantwortungsvollen Fischkonsum

Wenn Sie Fisch im Babybrei verwenden möchten, informieren Sie sich am besten vorab mithilfe eines Fisch-Einkaufsratgebers, beispielsweise von Greenpeace, fair-fish oder dem WWF, greifen Sie idealerweise zu Bio-Fisch und überschreiten Sie die offiziellen Empfehlungen möglichst nicht.

Fischeinkauf: gut zu wissen

Viele Fangarten sind problematisch. Grundschleppnetze beschädigen den Meeresboden oder Riffe und zerstören Ökosysteme. Schleppnetze fangen andere Tiere wie Delfine oder Schildkröten mit ein, die so verletzt oder getötet werden.
Die Fangmethode muss auf dem Etikett von naturbelassenem Frisch- und Tiefkühlfisch angegeben sein, bei verarbeiteten Fischprodukten jedoch nicht.
Stammen Fische aus Aquakulturen steht auf der Verpackung „aus Aquakultur" oder „gezüchtet in …"

Wenn unterwegs plötzlich der Hunger kommt

Sie sind auswärts und Ihr Nachwuchs kriegt Hunger? Kein Problem. Sie können selbst gemachten Brei kalt mitnehmen, am besten in einer kleinen Kühltasche, und vor Ort aufwärmen (lassen). Das klappt natürlich auch mit einem Gläschen aus dem Supermarkt. Viele Gaststätten wärmen, wenn möglich, Babybrei für Sie in der Mikrowelle oder im Wasserbad auf. Da Vitamin C hitzeempfindlich ist, nehmen Sie am besten etwas Vitamin-C-reichen Direktsaft separat mit und geben 1½ EL davon frisch zum warmen Gemüse-Kartoffel-Fleisch-Brei dazu. Alternativ etwas Vitamin-C-reiches frisches, gewaschenes Obst einstecken, etwa 5 bis 6 Himbeeren, vor Ort mit einer Gabel zerdrücken und verrühren. Kosten Sie den Brei unbedingt, bevor Sie ihn verfüttern, damit er sicher kalt genug ist.

Kein offenes Restaurant in der Nähe? Probieren Sie doch mal Folgendes: Sie erhitzen Wasser zu Hause und füllen es kochend in eine Thermoskanne. Verrühren Sie unterwegs 2 bis 3 EL des heißen Wassers mit dem Babybrei – nun sollte er die richtige Temperatur haben. Lauwarm sollten Sie Babybrei nicht mitnehmen, Keime können sich darin leicht vermehren.

Je nachdem wie fortgeschritten Sie mit der Beikosteinführung sind, können Sie auch den Gemüse-Kartoffel-Fleisch-Brei am Mittag gegen den Abendbrei austauschen. Lassen Sie sich im Restaurant einfach 200 ml heiße Milch geben und rühren dort Instantgetreideflocken hinein. Für die Portion Vitamin C können Sie Vitamin-C-reichen Direktsaft in einer kleinen Flasche mitnehmen.

Alles nicht machbar? Dann füttern Sie ein Gläschen Babynahrung einfach kalt oder überbrücken Sie die Zeit, bis Sie wieder zu Hause sind, mit ein paar Löffelchen zerdrückter weicher Avocado, Banane oder einer Still- bzw. Pre-Milch-Mahlzeit.

Darf ich mein Baby vegetarisch ernähren?

Sie möchten Ihr Kleines gern vegetarisch großziehen? Kein Problem. Auch Veggie-Babys können mit allen wichtigen Nährstoffen versorgt werden. Ein vielfältiger Mix aus Vollkorngetreide, gemahlenen Nüssen oder Nussmus, verschiedensten Gemüse- und Obstsorten, ergänzt mit Vollmilch und ab und zu mal einem hart gekochten bzw. gut durchgegarten Ei lässt Ihr Kind gesund groß werden. Wichtig ist, dass Sie den Fleischanteil aus dem Gemüse-Kartoffel-Fleisch-Brei durch 10 g zarte Hafer- oder Hirseflocken ersetzen und ganz am Schluss 3 ½ EL Vitamin-C-reichen Fruchtsaft zugeben, etwa aus einer frisch gepressten Orange. So kann der Körper das pflanzliche Eisen besser aufnehmen. Und verwenden Sie doch öfter mal Fenchel oder Topinambur im Gemüse-Kartoffel-Getreide, das sorgt für eine zusätzliche Portion Eisen. Auch Hülsenfrüchte wie Linsen enthalten Eisen.

Vegetarisch in verschiedenen Varianten

Es gibt verschiedene Formen vegetarischer Ernährung. In diesem Buch ist von ovo-lakto-vegetarischer Kost die Rede. Das bedeutet, Eier, Milch und Milchprodukte gehören zum Speiseplan dazu. In Abgrenzung dazu gibt es noch Ovovegetarier, die zwar Eier, aber keine Milch und Milchprodukte essen und trinken. Und es gibt Laktovegetarier, die keine Eier, aber Milch und Milchprodukte konsumieren. Allen gemein ist, dass sie auf Fisch, Geflügel und Fleisch verzichten. Bei einer sorgfältig zusammengestellten Kost ist eine gute Nährstoffversorgung für ovo-lakto-vegetarisch ernährte Babys kein Problem.

Und was ist mit vegan?

Vegane Ernährung, also der Verzicht auf jegliche tierische Lebensmittel, ist für Kinder ungeeignet. Darauf weist die Deutsche Gesellschaft für Ernährung in einer Stellungnahme zur veganen Ernährung hin. Sollten Sie sich dennoch für eine vegane Babyernährung entscheiden, stimmen Sie sich mit Ihrem Kinderarzt oder einer darauf spezialisierten, ausgebildeten Diätologin oder zertifizierten Ernährungsberaterin ab.

Hilfe bei kleinen Hürden

Es scheint alles ganz einfach: Brei kochen, gemütlich hinsetzen, füttern. Und doch tauchen manchmal graue Wolken am Eltern-Himmel auf. Was soll ich tun, wenn …

… mein Kind nicht essen will?

Nur mühsam kostet Ihr Baby wenige Löffel Brei. Es dreht seinen Kopf weg, matscht herum, quengelt aber wenig später und trinkt sich an einer Milchmahlzeit satt. Was Sie jetzt ausprobieren können:

- Füttern Sie Ihr Kind, wenn es später quengelt, mit einer weiteren, kleinen Portion Brei. Vielleicht mag es keine große Portion auf einmal essen.

- Die letzte Still- oder Fläschchenmahlzeit sollte noch nicht zu lange her sein. So kann sich Ihr Baby leichter auf die neue Art zu essen einstellen. Außerdem erleichtert es das Füttern, wenn der Hunger noch nicht zu groß ist.

- Lässt sich Ihr Kind leicht ablenken? Dann schauen Sie, dass die Umgebung ruhig ist.

- Wenn Sie üblicherweise Ihr Baby stillen, lassen Sie Papa oder Oma die Breifütterung übernehmen.

- Lernen am Vorbild: Verabreden Sie sich doch mal mit einer anderen Mama oder einem anderen Papa zum gemeinsamen Breifüttern. Vielleicht schaut Ihr Baby sich ab, wie es geht.

- Vielleicht ist Ihr Baby auch einfach noch nicht so weit. Geben Sie ihm und sich selbst Zeit, drängen Sie Ihr Kind nicht und probieren Sie es in ein paar Tagen oder Wochen noch mal.

… mein Kind keinen Brei, sondern Familienessen möchte?

Besonders Kinder mit älteren Geschwistern möchten am liebsten direkt loslegen mit der Familienkost. Unsere Tipps:

- Geben Sie Ihrem Kind den Löffel in die Hand. Vielleicht hat es Spaß daran, selbst zu löffeln.

- Lassen Sie ältere Geschwister doch mal das Nesthäkchen füttern.

- Nehmen Sie am besten gemeinsam die Mahlzeiten ein. So können Sie Ihrem Baby als Ergänzung zum Brei etwas vom Familienessen abgeben, etwa eine weiche Scheibe Brot ohne Rinde oder eine weiche, geschälte, abgekühlte Kartoffel.

Babys erster Brei

Wertvolle Lebensmittel fürs erste Jahr

Erbsen

Rundum gesund

Eiweißbombe: Die grünen – manchmal auch gelben – Perlen gehören wie Bohnen und Linsen zu den Hülsenfrüchten und werden seit über 10 000 Jahren angebaut. An Gesundheitswert haben sie nie verloren. Die kleinen Kraftpakete enthalten verhältnismäßig viel Eiweiß und Ballaststoffe – eine ideale Kombination zum Sattwerden. Zudem bringen Erbsen eine gute Portion Eisen mit. Besonders für Veggie-Babys sind Hülsenfrüchte wie Erbsen dadurch eine wertvolle Zutat im Gemüse-Kartoffel-Getreide-Brei. Andere günstige Eisenlieferanten unter den Hülsenfrüchten sind weiße Bohnen, Kichererbsen und Linsen. Darüber hinaus sind Erbsen eine gute Magnesiumquelle und damit wichtig für die Muskelfunktion und den Stoffwechsel.

Erbsen nicht roh essen

Das milde Aroma dürfte kleinen Essanfängern bestens schmecken, zum Beispiel im Gemüse-Kartoffel-Fleisch-Brei oder in der vegetarischen Alternative. Roh sollte das zarte Gemüse jedoch nicht gegessen werden, da Hülsenfrüchte ungesunde Lektine (Eiweißverbindungen) enthalten. Daher Erbsen oder Zuckerschoten zuvor 3 bis 5 Minuten blanchieren und dann in allerlei Variationen genießen.

Kleine Sortenkunde

Erbsen teilt man nach ihrer Verwendung in drei Gruppen ein: Zuckererbsen, Markerbsen und Palerbsen. Zuckererbsen schmecken süß und werden samt Hülse gegessen. Markerbsen haben ein süßnussiges Aroma. Man kennt sie hauptsächlich aus dem Tiefkühlregal oder frisch in den Schoten vom Marktstand. Palerbsen eignen sich für die Vorratshaltung. Sie können gut getrocknet und später gekocht werden.

Tipps

Täuschung
Kaufen Sie von frischen Erbsen nicht zu wenig, denn aus 1 kg Schoten pulen Sie maximal 400 g Erbsen. Dazu die Schoten mit den Fingern aufknacken, Samen (Erbsen) abstreifen und sofort weiterverarbeiten.

Farbenpracht
Nach 3 bis 4 Minuten in kochendem Wasser sind die Erbsen gar. Alternativ können sie in der gleichen Zeit in einem Sieb über Wasser gedämpft werden. So bleiben noch mehr Vitamine erhalten. Danach schnell in Eiswasser abkühlen, das erhält die schöne grüne Farbe.

Immer diese Erbsenzähler
Da nimmt es jemand ganz genau: Kinder können Erbsenzähler sein, etwa wenn die Eltern Erdbeeren oder Kirschen nicht genau gleich verteilen. Die Bedeutung des Wortes „Erbsenzähler" hat sich im Lauf der Jahre gewandelt. Bis zum 19. Jahrhundert wurde jemand so bezeichnet, der seinen Leuten die Erbsen einzeln in den Teller zählt, so das „Deutsche Wörterbuch" der Märchensammler Jacob und Wilhelm Grimm – also ein Geizhals war.

Getrocknet oder tiefgekühlt

Getrocknet verarbeitet galten Erbsen früher als Armenspeise. Das änderte sich im 17. Jahrhundert durch König Ludwig XIV. Der französische „Sonnenkönig" war so verrückt nach den zarten grünen Kugeln, dass er sie extra in Gewächshäusern in Versailles anbauen ließ. In Adelskreisen wurde die Erbse so zur Delikatesse. Heute ist vor allem die Tiefkühlvariante eine beliebte Zutat für die schnelle Küche: Der nährstoffreiche Tausendsassa ist im Babybrei ebenso beliebt wie in der Familienküche und darüber hinaus.

Erdbeere

In aller Munde

Sie wird die Königin der Früchte genannt und leitet den kulinarischen Sommer ein: die Erdbeere. Seit Jahren belegt sie eine Top-Platzierung in der Hitparade der beliebtesten Früchte. Und schon die Allerkleinsten sind begeistert, denn weiche, reife Erdbeeren sind ein geeigneter Einstieg für Essanfänger, die selbst experimentieren möchten. Geben Sie Ihrem Baby einfach eine gewaschene, geputzte und gegebenenfalls klein geschnittene Erdbeere in die Hand. So kann Ihr Nachwuchs die ersten Versuche im eigenständigen Essen durchführen und die Erdbeere noch einmal ganz neu, nämlich mit allen fünf Sinnen erforschen.

Klein, aber powervoll

Erdbeeren sind kleine Nährstoffbomben. Sie enthalten auf 100 g gesehen mehr Vitamin C als Orangen oder Zitronen. Sie sind also ideal als frische Vitamin-C-Zugabe im Babybrei. Zerdrücken Sie einfach 1 bis 2 gewaschene, geputzte Bio-Erdbeeren mit einer Gabel zu einem feinen Mus und fügen Sie es zum Beispiel dem Vollmilch-Getreide-Brei zu. Unter den Obstsorten zählt die Erdbeere zu den folsäurereichsten. Folsäure ist wichtig für die Zellteilung und das Wachstum. Nicht zuletzt bringen Erdbeeren noch jede Menge sekundäre Pflanzenstoffe mit: Schutzstoffe, die zahlreiche gesundheitliche Vorteile haben.

Die Beere ist eine Nuss?

Botanisch betrachtet ist das jedenfalls so. Die Erdbeere gehört nämlich zu den sogenannten Sammelnussfrüchten. Die rote Beere ist nur eine Scheinfrucht. Die eigentlichen Früchte sind die kleinen grünen oder orangefarbenen Körnchen auf der Oberfläche. Schon unsere Vorfahren in der Steinzeit liebten Erdbeeren. Sie sammelten die Früchte, die damals kaum größer als ein Centstück waren, im Wald. Im Mittelalter wurden die Beeren dann schon auf Feldern angebaut, die kleinfruchtige Variante unserer heutigen großfruchtigen Gartenerdbeere. Erstmals nach Deutschland, an den Hof Georgs II. nach Hannover, kam die Erdbeere Mitte des 18. Jahrhunderts. Heute gibt es Erdbeeren in über 1000 Sorten, manche von ihnen tragen sogar bis Oktober Früchte.

Tipps

Einkauf nach Bedarf

Erdbeeren haben bei uns von Mai bis Juli Saison. Je mehr Sonnentage, desto intensiver das Aroma der Früchte. Erdbeeren sind leicht verderblich und lassen sich nicht lagern. Kaufen Sie lieber kleine Portionen und verzehren Sie diese rasch. Achten Sie besonders bei Beeren in Kunststoffbehältern darauf, dass sie keine Druckstellen haben, nicht schimmeln, nicht matschig und auch nicht weiß oder grün sind. Bio-Erdbeeren enthalten weniger Rückstände und sind daher gut geeignet für den Babybrei.

Behutsam waschen

Sie können Erdbeeren nur circa 2 Tage im Kühlschrank lagern. Am besten breiten Sie sie auf einem mit Küchenpapier ausgelegten Brett nebeneinander aus und stellen Sie so in den Kühlschrank. Das schützt vor Druckstellen und Schimmelbefall. Beeren mit braunen oder matschigen Stellen lieber aussortieren. Ein harter Wasserstrahl macht Erdbeeren matschig, daher waschen Sie die Früchte lieber behutsam in einer Schüssel mit Wasser und lassen Sie sie erst in einem Sieb, dann auf Küchenpapier abtropfen. Erst danach den Stielansatz entfernen, sonst verwässert das Aroma.

Erdbeer-Fakten

Erdbeeren reifen nicht nach. Deswegen sind sie nur zur Saison reif geerntet richtig süß. Lassen sich die Blätter leicht lösen, sind Erdbeeren reif. Reife Erdbeeren sind gleichmäßig gefärbt und haben keine weißen oder grünen Stellen.

Fenchel

Beruhigend für Babys Bauch

Fenchel ist gut verträglich und daher bestens geeignet für die ersten Breiversuche. Besonders bei Breien mit blähenden Zutaten wie Blumenkohl oder Erbsen ist eine Kombination mit Fenchel ideal, da dieser Blähungen lindern kann.

Superfood fürs Baby

Der intensive Geschmack der Heilpflanze Fenchel rührt von den ätherischen Ölen Anethol und Fenchon her. Die gesunde Knolle enthält reichlich Kalium – das ist gut für Muskeln und Nerven. Ihr Eisen ist besonders wichtig für Schwangere und Stillende, weil das Kind Eisen für die Blutbildung braucht. Schwangere profitieren von Folsäure. Vitamin C stärkt das Immunsystem. Provitamin A – auch als Betacarotin bekannt – wird vom Körper in Vitamin A umgewandelt und ist gut für Zellwachstum, Augen und Haut.

Beim Einkauf auf folgende Merkmale achten

- Die Knolle ist fest und knackig.
- Oberfläche, Stiele und Grün erscheinen saftig, straff und glatt.
- Keine braunen Stellen, keine schrumpelige Oberfläche.
- Keine welken, gelben und angetrockneten Stiele oder ebensolches Grün.

Fenchel-Kartoffel-Getreide-Brei
fürs Baby (ab ca. 5 Monaten)

100 g Fenchel (½ Knolle) | 60 g Kartoffel | 10 g Haferflocken | 75 ml Wasser | 1 EL Rapsöl | 3 ½ EL frisch gepresster Orangensaft

Den Fenchel waschen, putzen und in kleine Stücke schneiden. Die Kartoffel schälen und fein würfeln. Fenchel mit den Haferflocken und dem Wasser in einem kleinen Topf aufkochen. Die Kartoffelstücke in ein Sieb geben, über den Topf hängen und den Deckel schließen. Alles 10 bis 15 Minuten weich garen. Dann die Kartoffeln stampfen, den Fenchel pürieren. Kartoffelstampf, das Öl und den Saft hinzufügen und alles vermengen.

Tipps

Gut für die Milchbildung
1 bis 3 Tassen Fencheltee am Tag sollen die Milchbildung bei Stillenden anregen. Das haben Hebammen schon den Müttern im antiken Griechenland empfohlen.

Heilpflanze bei Erkältungen und Blähungen
Die ätherischen Öle des Fenchels, Anethol und Fenchon, wirken schleimlösend, verdauungsfördernd und krampflösend.
Der Tee – häufig werden Fenchelsamen mit Anis und Kümmel kombiniert – kann daher Husten, Schnupfen und Blähungen lindern. Das vermag auch Fenchelhonig – aber bitte daran denken: Wie jeder Honig ist er erst für Kinder ab einem Jahr geeignet. Fragen Sie am besten Ihren Apotheker nach Arznei-Fenchelhonig in kindgerechter Dosierung.

Der Frische-Kick
Nach dem Einkauf das Fenchelgrün entfernen. Die Knolle im Kühlschrank im Gemüsefach in ein feuchtes Tuch gewickelt lagern. So hält er sich bis zu 2 Wochen. Ungekühlt hält sich Fenchel 2 bis 3 Tage.

Fenchel-Fakten

Saison: Juni bis Oktober

Besonders reich an:
Vitamin C, Betacarotin,
Vitamin E, Kalium, Folsäure

Im Kühlschrank haltbar:
bis zu 2 Wochen

Fleisch

Welches Fleisch für mein Baby?

Fleisch führen Sie als eines der ersten Lebensmittel im Gemüse-Kartoffel-Fleisch-Brei ein. Denn Fleisch ist ein wichtiger Eisenlieferant. Besonders magere Teilstücke von Kalb, Rind, Schwein, Lamm oder Geflügel eignen sich für die Beikost. Fleisch sollte naturbelassen sein, also ungewürzt, nicht mariniert, nicht gepökelt oder geräuchert und vor allem sollte es immer gut durchgegart werden. Dunkles Fleisch, etwa vom Rind, enthält mehr Eisen als helles Fleisch von Schwein oder Geflügel.

Woran erkenne ich, ob das Fleisch frisch ist?

Als Laie die Fleischqualität von außen zu beurteilen ist schwierig. Der Fleischeinkauf basiert auf Vertrauen. Lassen Sie sich am besten vom Metzger oder vom Fleischfachverkäufer im Supermarkt beraten. Vielleicht gibt es in Ihrer Nähe sogar einen Hofladen, der das Bio-Fleisch der eigenen Tiere verkauft. Zusätzlich können Sie auf diese Dinge achten:

- Das Fleisch sollte klar und frisch aussehen.
- Das Fleisch sollte nicht im eigenen Saft schwimmen.
- Die Farbe ist abhängig von Fleischart und Alter des Tieres. Sie rangiert von Hellrosa (Kalb, Schwein) bis Dunkelrot (Rind). Geflügel ist sehr hell.
- Das Fleisch sollte keine angetrockneten Ränder haben. Auch sollten keine Verfärbungen an den Rändern und Oberflächen zu erkennen sein.
- Das Fleisch sollte nicht stark riechen.
- Fetteinlagerungen (Marmorierung) bei Rindfleisch sind ein Zeichen guter Qualität.

Besser: Bio-Fleisch

Bevorzugen Sie Fleisch aus ökologischer Tierhaltung, also mit einem EU-Biosiegel oder dem eines Fachverbands wie Bioland, Naturland oder Demeter. Bio-Tiere werden artgerechter und umweltverträglicher gehalten. Bio-Rinder etwa müssen nach Möglichkeit ganzjährig, mindestens aber den ganzen Sommer über draußen weiden. Auch Geflügel und Schweine müssen Auslauf im Freien haben und fressen so mehr Kräuter und Gräser. Das hat zur Folge, dass Bio-Fleisch circa 50 Prozent mehr gesunde Omega-3-Fettsäuren enthält, verglichen mit Fleisch aus konventioneller Tierhaltung.

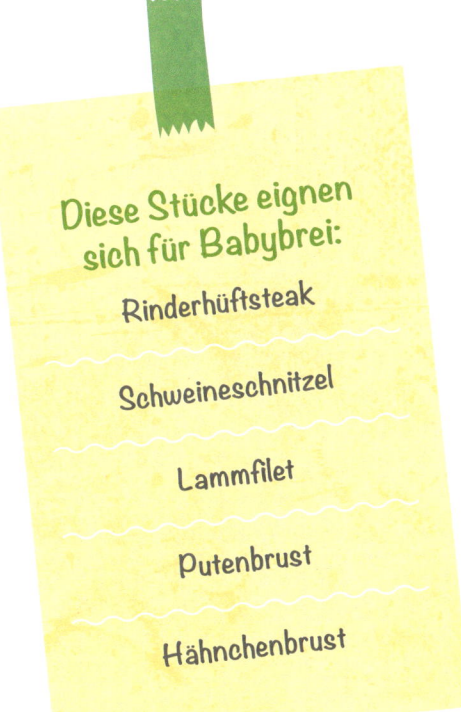

Diese Stücke eignen sich für Babybrei:

Rinderhüftsteak

Schweineschnitzel

Lammfilet

Putenbrust

Hähnchenbrust

Tipps

Fleisch richtig aufbewahren und verarbeiten

Transportieren Sie Fleisch nach dem Einkauf am besten in einer Kühltasche. Abgedeckt und gut gekühlt bei 0 °C bis 4 °C hält es sich circa 2 Tage. Im Kühlschrank gehört Fleisch immer an die kälteste Stelle, also möglichst weit nach unten und nahe der Rückwand. Achten Sie bei der Verarbeitung streng auf Küchenhygiene und benutzen Sie für Fleisch immer ein eigenes Brettchen und ein eigenes Messer. Rohes Fleisch oder auch der Fleischsaft darf nicht mit anderen Lebensmitteln in Berührung kommen. Waschen Sie sich vor und nach der Zubereitung gründlich die Hände und säubern Sie alle Arbeitsmaterialien.

Gut zu wissen

- Tierisches Eisen aus Fleisch kann vom Körper gut und direkt verwertet werden.
- Fleisch ist ein guter Eiweißlieferant.
- Zink und wichtige B-Vitamine sind ebenfalls im Fleisch enthalten.
- Hackfleisch ist für Babys zu fettig und für Babybrei nicht empfehlenswert.

Getreide

Grob oder fein?

Getreideflocken sind aus dem ganzen Korn gewalzt samt Schale und Keimling. Das macht sie reich an Nähr- und Ballaststoffen. Getreideflocken gibt es als Feinblatt oder Großblatt. Instantflocken werden aus Getreidemehl in Flockenform zusammengepresst. Als Alternative zu den Flocken gibt es auch Grieß für die Babynahrung.

Getreide auch ohne Brei

Wenn Ihr Baby älter wird, nimmt es mehr und mehr am Familienessen teil. Getreide bleibt dabei eine wichtige Zutat – sei es die erste Brotscheibe (ohne Rinde) zum Frühstück oder der Übergang vom Frühstücksbrei zum Frühstücksmüsli. Bei einigen bleibt der Frühstücksbrei allerdings fester Bestandteil, auch wenn sie schon groß oder sogar erwachsen sind. Nur kommen dann großblättrige Flocken in den Brei und das Ganze heißt dann Porridge.

Sonderfall Reis

Reisflocken für die Babynahrung können gelegentlich im Brei verwendet werden. Jedoch enthalten sie weniger Mineralstoffe als Flocken anderer Getreidesorten. Gegen Ende des ersten Lebensjahres kann statt der Flocken hin und wieder auch mal Vollkornreis auf den Teller kommen.

Wichtig für Babys Wachstum

Vollkorngetreide kommt in mindestens zwei von drei Breimahlzeiten vor, denn der nährstoffreiche Energiespender ist von großer Bedeutung für die kindliche Entwicklung. Hirse, Hafer, Dinkel, Weizen, eine Supersorte gibt es zwar nicht für Babys, aber Vollkorn sollte es sein. Vollkorngetreide enthält nämlich mehr wertgebende Inhaltsstoffe, beispielsweise Vitamine, Mineral- und Ballaststoffe. Durch die Ballaststoffe sättigen Vollkorngetreide lang anhaltender. Idealerweise variieren Sie die Getreidesorten – das ist nicht nur gut für die geschmackliche Abwechslung, sondern auch für die Nährstoffvariation.

Glutenhaltiges Getreide und Zöliakie

Nach wissenschaftlichem Kenntnisstand beeinflussen weder die Stilldauer noch der Zeitpunkt der Einführung von glutenhaltigem Getreide wie Weizen, Dinkel oder Roggen das Risiko, an einer Zöliakie zu erkranken. Es spricht nichts dagegen, zu einem frühen Zeitpunkt gelegentlich kleine Mengen glutenhaltiges Getreide, etwa Vollkornnudeln, mit in den Gemüse-Kartoffel-Fleisch-Brei zu geben. Babys, die bereits an Zöliakie erkrankt sind, dürfen kein glutenhaltiges Getreide oder Fertigprodukte, die diese enthalten, bekommen.

Tipps

Kleine Getreidekunde

Alle Getreideflocken bringen sättigendes Eiweiß mit. Weizen, Dinkel, Hafer und Hirse sind beliebte Flocken für Babys erste Breiversuche.

- Dinkel ist eine Urform des Weizens, schmeckt leicht nussig und hat einen höheren Eiweiß-, Eisen- und Zinkgehalt als Weizen.

- Weizen ist vor allem als Grieß beliebt. Vollkornweizen- oder Dinkelnudeln können ab und zu mal die Kartoffeln im Gemüse-Kartoffel-Fleisch-Brei ersetzen.

- Hafer ist das Königskorn unter den Getreiden, er enthält mehr Nährstoffe als alle anderen, ist reich an Eiweiß und Eisen und bringt einiges an Zink mit. Für Babys, die vegetarisch ernährt werden, ist Hafer neben Hirse eine wichtige Eisenquelle und kann das Fleisch im Gemüse-Kartoffel-Getreide-Brei ersetzen.

- Hirse bringt außer Eisen auch Fluor und Zink mit. Sie sollten darauf achten, Hirseflocken zu verwenden, die speziell für die Säuglingsnahrung aufbereitet wurden. Nach dem Packungsanbruch sind Hirseflocken nur kurze Zeit haltbar.

WERTVOLLE LEBENSMITTEL FÜRS ERSTE JAHR

Kürbis

Wertvolle Inhaltsstoffe

Kürbisse sind nicht nur eine Bereicherung für die Küche, sondern auch für die Gesundheit. Neben vielen weiteren wichtigen Inhaltsstoffen bringen sie vor allem diese mit:
- Ballaststoffe – fördern die Verdauung und eine gesunde Darmflora.
- Kalium – ist wichtig für den Flüssigkeitshaushalt.
- Betacarotin – ist die Vorstufe von Vitamin A und damit wichtig für die Sehkraft. Zudem wirkt es als Schutzstoff für die Körperzellen.

Kürbis ist ein Multitalent

Er schmeckt roh oder gekocht, gebacken, gegrillt, als Suppe, als Gemüsebeilage, im Aufstrich oder Salat. Kürbis ist farbenfroh, leicht verdaulich und bringt ein mildes Aroma mit. Das macht ihn zu einem beliebten Einsteigergemüse für die Beikost. Und er bleibt häufig weiterhin in der darauffolgenden Familienküche ein Stammgast. Probieren Sie doch zum Ende des ersten Lebensjahres mal zuckerfreie Kürbiswaffeln. Die sind schön weich und schon die Kleinsten können sie gut halten.

Eine Frucht – viele Gesichter

Kürbis hat viele Gesichter. Und das nicht nur an Halloween, wenn fleißig Fratzen reingeschnitzt und beleuchtet werden. Es gibt schätzungsweise über 800 Kürbissorten in verschiedensten Farben und Formen: grün, gelb, weiß, orange, gestreift, gesprenkelt, flaschenförmig oder kugelrund – der Kürbis zeigt seine Vielfalt.

Tipps

Vorher kosten

Greifen Sie am besten zu regionaler Bio-Ware. Vor dem Garen unbedingt ein Stückchen Kürbis roh probieren. Schmeckt es bitter, lieber nicht mehr für den Babybrei verwenden. Dann sind darin Bitterstoffe enthalten, die auch nach dem Kochen bestehen bleiben. Das passiert gelegentlich auch bei selbst angebautem Kürbis.

Geschmackliche Unterschiede

Aber auch geschmacklich unterscheiden sich die einzelnen Kürbisarten. Einige sind sehr süß, sodass daraus Marmeladen hergestellt oder Kürbiskuchen gebacken werden. Andere wiederum haben nussige Noten. Die bekanntesten Sorten sind: Gartenkürbis, Hokkaido-, Butternut-, Muskat- und Spaghettikürbis.

Kürbis-Fakten

Botanisch gesehen ist der Kürbis die größte Beere der Welt. Es handelt sich um eine Beere, weil die Kerne frei im Fruchtfleisch liegen – genau wie bei Gurken und Melonen. Mit denen ist er eng verwandt.

Reife Kürbisse erkennt man mithilfe des sogenannten Klopftests. Klopfen Sie einfach auf die Schale. Klingt es hohl, ist der Kürbis reif. Wenn Sie den Kürbis leicht drücken und die Schale nicht nachgibt, ist das ebenfalls ein Reifezeichen.

Kürbis gibt es nicht nur im Oktober

Die Kürbis-Saison startet im August mit den ersten Exemplaren, die Hauptsaison beginnt jedoch einen Monat später und reicht bis in den Winter. Ganze Kürbisse lassen sich kühl und trocken über mehrere Monate lagern.

Orange

Der Apfel aus China

Die einen nennen die farbenfrohe Kugel Orange, die anderen Apfelsine – gemeint ist aber dieselbe Frucht. Die Bezeichnung „Apfelsine" verrät die ursprüngliche Herkunft der Frucht: China. Im 16. und 17. Jahrhundert gelangte das Obst nach Deutschland und wurde als „Apel de Sina" bezeichnet. Das bedeutet so viel wie „Apfel aus China". Mittlerweile wird die Zitrusfrucht unter anderem auch in Italien, Spanien, Amerika und Südafrika angebaut.

Woher kommt der Name?

Der Name „Orange" kam erst viel später auf. Experten sind sich nicht einig darin, ob der Ursprung des Wortes auf die Farbe der Frucht zurückzuführen oder angelehnt ist an die französische Stadt Orange, die einst Zwischenstation beim Import der Zitrusfrucht war. Das liegt insofern nahe, als dass Orangen sich nur dann orange färben, wenn die Nächte kühl sind. In tropischen Ländern, wo es auch nachts warm ist, bleiben Orangen einfach grün. Dennoch sind sie vollreif, aromatisch und herrlich süß. Die Farbe einer Orange sagt also nichts über ihr Aroma aus.

Orangen kaufen …

Orangen reifen nicht nach, sie müssen also süß und reif geerntet werden. In den Ländern des Mittelmeerraums haben Orangen gegen Weihnachten und im Januar Hochsaison. Dann ist das Aroma gut ausgebildet, mit schöner Süße und einem kräftigen Geschmack.

… und lagern

Auch nach der Ernte mögen es Orangen eher warm. In einer Obstschale auf dem Tisch halten sie bei Zimmertemperatur gute 2 Wochen, sofern sie nicht mit Äpfeln oder anderem nachreifendem Obst zusammen gelagert werden. Äpfel, Aprikosen, Avocado, Bananen, Birnen, Feigen, Nektarinen oder Pflaumen scheiden Ethylen aus. Dieses Reifungshormon lässt Obst und Gemüse nachreifen, führt aber auch zu schnellerem Verderb. Bio-Orangen verderben übrigens schneller, da die Schale nicht mit Konservierungsmitteln behandelt wurde.

Gesunde Fakten

Vitamin C unterstützt das Immunsystem, stärkt Knochen, Zähne und das Bindegewebe. Und es fördert die Eisenaufnahme. Daher ist Vitamin C fester Bestandteil eines jeden Babybreis. Carotinoide gehören zu den sekundären Pflanzenstoffen und kommen auch in Orangen vor. Im Saft sogar höher konzentriert als in der Frucht. Das fanden Wissenschaftler der Universität Hohenheim heraus. Und: Carotinoide aus frisch gepresstem Orangensaft können besser aufgenommen werden, als wenn man die ganze Frucht isst. Sekundäre Pflanzenstoffe haben zahlreiche gesundheitsfördernde Effekte. Warum das so ist, wurde bisher noch nicht völlig aufgeklärt.

Alltagsgetränk und Durstlöscher?

Dafür eignet sich Orangensaft, auch frisch gepresster, nicht. Im ersten Lebensjahr überhaupt nicht und auch nach dem ersten Geburtstag wird davon abgeraten. Gerade Fruchtzucker gilt vor allem in größeren Mengen und regelmäßig verzehrt als sehr ungesund, kann zu Übergewicht führen und das Diabetesrisiko erhöhen. Übrigens: 1 L Orangensaft enthält fast so viele Kalorien wie eine Tafel Schokolade.

Große Vielfalt

400 Sorten: So viele Varianten gibt es von der Apfelsine. Sie werden in Bitter- und Süßorangen eingeteilt. Die bitteren Sorten haben kleine Früchte und werden häufig als Marmeladenzutat verwendet. Die süßen Sorten verspeisen wir oder quetschen sie aus, um den Saft zu trinken.

Quelle: Bundeszentrum für Ernährung

Rapsöl

Warum kommt eigentlich Fett in den Babybrei?

Fett unterstützt den Körper dabei, fettlösliche Vitamine aufzunehmen wie Vitamin A, D, K oder E. Es verstärkt die Aromen, denn Fett ist ein Geschmacksträger, und es hilft dabei, den erhöhten Energiebedarf Ihres Kindes zu decken. Außerdem bringen manche Fette günstige Omega-3-Fettsäuren mit. Diese sind wichtig für Babys Entwicklung, vor allem für das Gehirn. Zudem unterstützen sie das Immunsystem. Entscheidend für die Verwertung im Körper ist das Verhältnis von Omega-3- zu Omega-6-Fettsäuren. Und dieses Verhältnis ist im Rapsöl optimal. Das macht Rapsöl zu einem idealen Fettlieferanten.

Es darf auch mal Butter sein

Butter ist in Verruf geraten, vor allem wegen ihrer gesättigten Fettsäuren, die möglicherweise gesundheitliche Beschwerden verursachen. Aber Butter enthält auch sogenannte MCT-Fette, kurz- und mittelkettige Fettsäuren, die positiv für die Gesundheit sind. Und das in der Butter enthaltene Lecithin wirkt sich günstig auf die Gehirnentwicklung Ihres Nachwuchses aus. Wie bei allem geht es um das richtige Maß. Scheuen Sie sich also nicht, statt des Rapsöls auch hin und wieder mal die entsprechende Menge Butter, am besten in Bio-Qualität, unter den Gemüse-Kartoffel-Fleisch- oder den Gemüse-Kartoffel-Getreide-Brei zu rühren.

Fette können ranzig werden

Licht, Wärme und Sauerstoff führen zu Veränderungen der Fettsäuren. Das Fett zersetzt sich – es wird ranzig. Das merken Sie am unangenehmen Geruch und Geschmack. Das kann sogar bei Butter und Nüssen passieren. Daher sollten Sie alle fetthaltigen Lebensmittel kühl und vor Licht geschützt aufbewahren und möglichst vor Sauerstoff schützen: Nüsse also im Schraubglas, Butter in der Porzellandose, Öl im Kühlschrank. Auch Hirseflocken können durch ihren Fettgehalt schnell ranzig werden und sollten daher kühl, licht- und luftgeschützt gelagert werden. Wichtig: Wenn Sie Ölflaschen wiederverwenden, spülen Sie diese gründlich aus und lassen Sie sie gut trocknen.

Etwas Abwechslung

Zwar ist Rapsöl von der Fettsäurezusammensetzung ideal für Ihr Baby und seine Entwicklung. Wenn Sie sich jedoch mehr Abwechslung wünschen, können Sie Rapsöl gelegentlich durch ein Nussöl (z. B. Erdnussöl) oder ein Nussmus, (Mandel- oder Haselnussmus) ersetzen.

- Mandeln bringen noch eine gute Portion Kalium und Vitamin B1.

- Haselnüsse enthalten reichlich Vitamin E.

- Achten Sie unbedingt darauf, dass es sich um ein naturbelassenes Nussmus handelt. Es sollten also außer Nüssen keine weiteren Lebensmittel in der Zutatenliste aufgelistet sein, vor allem kein Zucker oder Salz.

Ab dem 12. Monat

Wird Ihr Baby älter, lernt es auch andere, festere Konsistenzen kennen. Geht es auf den ersten Geburtstag zu, können Sie auch mal gemahlene Nüsse als Fettquelle in den Brei rühren. Die gemahlenen Nüsse anstelle von Rapsöl bieten sich vor allem im Getreide-Obst-Brei an.

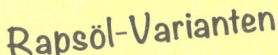

Rapsöl-Varianten

Rapsöl gibt es in den Varianten raffiniert oder nativ. Raffiniertes Rapsöl ist mild im Geschmack.
Natives Rapsöl ist naturbelassen und kalt gepresst, hat aber einen kräftigen Eigengeschmack. Am besten dunkel und kühl aufbewahren.
Beide Öle sind gut für die Entwicklung Ihres Babys.

Babys erster Brei

Rezepte für kleine Feinschmecker

Ab 5. – 7. Monat

Gemüse-Kartoffel-Fleisch-Brei

Grundrezept

Gemüse-Kartoffel-Fleisch-Brei

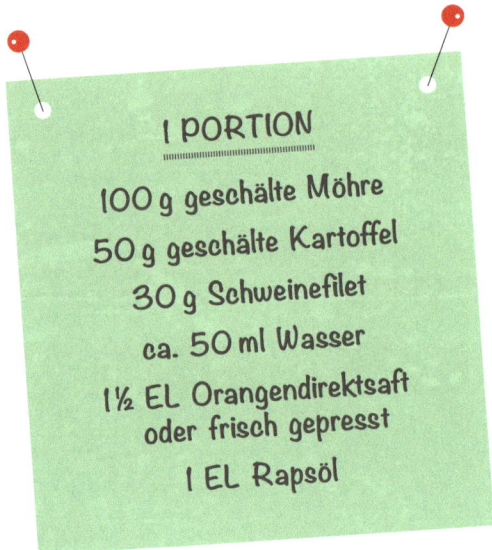

1 PORTION

100 g geschälte Möhre

50 g geschälte Kartoffel

30 g Schweinefilet

ca. 50 ml Wasser

1½ EL Orangendirektsaft oder frisch gepresst

1 EL Rapsöl

1 Die Möhre in 1 bis 2 cm dicke Stücke schneiden. Die Kartoffel in ca. 1 cm große Stücke schneiden. Das Schweinefilet waschen, trocken tupfen und in ca. ½ cm große Würfel schneiden.

2 Möhre, Kartoffel und Fleisch mit dem Wasser in einen sehr kleinen, hohen Topf geben und bei geschlossenem Deckel einmal aufkochen. Anschließend auf kleiner Stufe unter gelegentlichem Rühren ca. 10 Minuten garen, bis das Gemüse bissfest ist. Zwischendurch probieren, damit das Gemüse nicht zu matschig wird.

3 Die Masse mit dem Mixstab fein pürieren, dann in ein Servierschälchen umfüllen, Orangensaft und Rapsöl unterrühren und den Brei vor dem Füttern auf Verzehrtemperatur herunterkühlen lassen.

AB 5. – 7. MONAT

Grundrezept

Gemüse-Kartoffel-Getreide-Brei

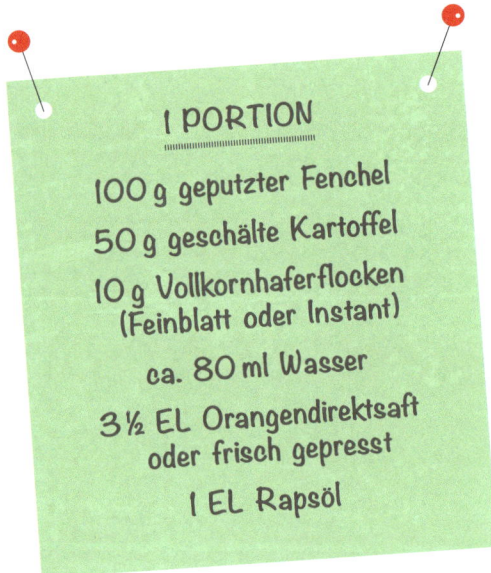

1 PORTION

100 g geputzter Fenchel

50 g geschälte Kartoffel

10 g Vollkornhaferflocken
(Feinblatt oder Instant)

ca. 80 ml Wasser

3½ EL Orangendirektsaft
oder frisch gepresst

1 EL Rapsöl

1. Den Fenchel unter heißem Wasser gründlich abspülen und in 2 cm dicke Stücke schneiden. Die Kartoffel in ca. 1 cm große Stücke schneiden.

2. Fenchel, Kartoffel und Haferflocken mit dem Wasser in einen sehr kleinen, hohen Topf geben und bei geschlossenem Deckel einmal aufkochen. Anschließend auf kleiner Stufe unter gelegentlichem Rühren ca. 10 Minuten garen, bis das Gemüse bissfest ist. Zwischendurch probieren, damit das Gemüse nicht zu matschig wird.

3. Die Masse mit dem Mixstab fein pürieren, dann in ein Servierschälchen umfüllen, Orangensaft und Rapsöl unterrühren und den Brei vor dem Füttern auf Verzehrtemperatur herunterkühlen lassen.

Pastinaken-Erbsen-Brei

1 Portion:
50 g Pastinake | 60 g Kartoffel | 60 g TK-Erbsen | 10 g Hirseflocken für die Babyernährung | ca. 80 ml Wasser | 3 ½ EL Orangendirektsaft oder frisch gepresst | 1 EL Rapsöl

1. Die Pastinake und die Kartoffel schälen und unter heißem Wasser gründlich waschen. Die Kartoffel auf grüne und braune Stellen untersuchen und diese ggf. großzügig wegschneiden. Darauf achten, dass am Ende 50 g geschälte Kartoffel übrig bleiben. Kartoffel und Pastinake in ca. 1 cm große Stücke schneiden.

2. Pastinake, Kartoffel, Erbsen und Hirseflocken mit dem Wasser in einen sehr kleinen, hohen Topf geben und bei geschlossenem Deckel einmal aufkochen. Anschließend auf kleiner Stufe unter gelegentlichem Rühren ca. 10 Minuten garen, bis das Gemüse bissfest ist. Zwischendurch probieren, damit es nicht zu matschig wird.

3. Die Masse mit dem Mixstab fein pürieren, dann in ein Schälchen umfüllen, Orangensaft und Rapsöl unterrühren und den Brei vor dem Füttern auf Verzehrtemperatur herunterkühlen lassen.

WISSENSWERTES ZUM AUFBEWAHREN VON BREI

Wenn Sie merken, dass ein bestimmter Mittagsbrei besonders gut bei Ihrem Nachwuchs ankommt, bereiten Sie doch einfach die doppelte Menge zu und sparen sich dadurch Arbeit. Selbst zubereitete Mittagsbreie mit Gemüse, Kartoffeln oder Nudeln, Fleisch oder Getreide können Sie abgedeckt, zum Beispiel in einem sterilisierten Schraubglas, im Kühlschrank aufbewahren und innerhalb von 48 Stunden verfüttern.

Baby Familie TIPP

Bei vegetarischen Breien wird das Fleisch durch eisenreiche Getreideflocken ersetzt. Statt mit Hirseflocken können Sie den Brei auch mit der gleichen Menge Haferflocken zubereiten.

Kürbis-Paprika-Brei

1 Portion:
50 g Hokkaidokürbis | 50 g Paprika | 10 g Dinkel-Vollkornnudeln | 10 g Vollkornhaferflocken (alternativ Instantflocken) | ca. 80 ml Wasser | 1 EL Rapsöl

1. Den Kürbis und die Paprika unter heißem Wasser gründlich abspülen. Kürbis und Paprika putzen, entkernen und in ca. 1 cm große Stücke schneiden.

2. Kürbis, Nudeln und Haferflocken mit dem Wasser in einen sehr kleinen, hohen Topf geben und bei geschlossenem Deckel einmal aufkochen. Sobald die Masse kocht, die Paprika zugeben. Anschließend auf kleiner Stufe unter gelegentlichem Rühren 7 bis 10 Minuten garen, bis das Gemüse bissfest ist. Zwischendurch probieren, damit es nicht zu matschig wird.

3. Die Masse mit dem Mixstab fein pürieren, dann in ein Schälchen umfüllen, Rapsöl unterrühren und den Brei vor dem Füttern auf Verzehrtemperatur herunterkühlen lassen.

WISSENSWERTES ZU VITAMIN C

Diesem Brei wird kein Obstsaft zugegeben, weil Paprika einen sehr hohen Vitamin-C-Gehalt hat, mehr als doppelt so viel wie Orangen. Wichtig ist, dass Sie die Paprika erst zugeben, sobald das Gemüse einmal aufgekocht ist, und die Garzeit so kurz wie möglich halten. So bleibt mehr Vitamin C im Gemüse erhalten und kommt Ihrem Baby zugute. Vitamin C sorgt dafür, dass das pflanzliche Eisen aus den Haferflocken besser vom Körper aufgenommen wird.

Baby Familie TIPP

Hokkaidokürbis können Sie schälen, müssen Sie aber nicht. Dann einfach gründlich waschen. Alternativ können Sie auch eine andere Speisekürbissorte verwenden, diese aber bitte schälen. Hat Kürbis gerade keine Saison, schmeckt stattdessen Möhre im Brei.

Brokkoli-Brei mit Rinderfilet

1 Portion:
100 g Brokkoliröschen | 1 Stängel glatte Petersilie | 60 g Kartoffel | 30 g Rinderfilet | ca. 50 ml Wasser | 1 ½ EL Orangendirektsaft oder frisch gepresst | 1 EL Mandelmus

1. Die Röschen vom Brokkoli abtrennen, gründlich waschen und in ca. 1 cm große Stücke schneiden. Die Petersilie waschen, Blättchen abzupfen und sehr fein hacken. Die Kartoffel schälen, waschen und in ca. 1 cm große Stücke schneiden. Das Rinderfilet waschen, trocken tupfen und in ½ cm große Würfel schneiden.

2. Kartoffel und Fleisch mit dem Wasser in einen sehr kleinen, hohen Topf geben und bei geschlossenem Deckel einmal aufkochen. Dann die Brokkoliröschen zugeben und anschließend auf kleiner Stufe unter gelegentlichem Rühren ca. 10 Minuten garen, bis das Gemüse bissfest ist. Zwischendurch probieren, damit das Gemüse nicht zu matschig wird.

3. Die Masse mit dem Mixstab fein pürieren, dann in ein Schälchen umfüllen, Orangensaft und Mandelmus unterrühren und vor dem Füttern auf Verzehrtemperatur herunterkühlen lassen.

WISSENSWERTES ZUM AROMA

Babybreie sind ungewürzt, damit Ihr Baby den puren Geschmack der Lebensmittel erfahren kann. So merkt es, dass Möhren süßlich und Topinambur nussig schmeckt. Ein Zweig Petersilie oder Basilikum im Brei bringt neue Geschmackserlebnisse. Auf Zucker und Salzzugaben sollten Sie im ersten Lebensjahr gänzlich, später so lange wie möglich verzichten – wegen der gesundheitlichen Nachteile.

Baby + Familie TIPP

Rapsöl liefert die optimale Fettsäurezusammensetzung für Ihr Baby. Ab und zu können Sie die Fettquelle jedoch variieren. Mandelmus etwa bringt neben Fett auch den Schutzstoff Vitamin E mit.

Tomaten-Sellerie-Brei mit Rind

1 Portion:
60 g Sellerie | 60 g Kartoffel | 50 g Tomate | 30 g Rinderhüftsteak | ca. 50 ml Wasser | 1 ½ EL Schwarze-Johannisbeere-Direktsaft (Muttersaft) | 1 EL Rapsöl

1. Den Sellerie schälen und in 1 bis 2 cm dicke Stücke schneiden. Die Kartoffel schälen, waschen und in ca. 1 cm große Stücke schneiden. Die Tomate waschen, den Stielansatz entfernen, Tomate entkernen und in kleine Stücke schneiden. Das Steak waschen, trocken tupfen und in ca. ½ cm große Würfel schneiden.

2. Sellerie, Kartoffel und Fleisch mit dem Wasser in einen sehr kleinen, hohen Topf geben und bei geschlossenem Deckel einmal aufkochen. Dann die Tomate zugeben und anschließend auf kleiner Stufe unter gelegentlichem Rühren ca. 10 Minuten garen, bis das Gemüse bissfest ist. Zwischendurch probieren, damit das Gemüse nicht zu matschig wird.

3. Die Masse mit dem Mixstab fein pürieren, dann in ein Schälchen umfüllen, Johannisbeersaft und Rapsöl unterrühren und vor dem Füttern auf Verzehrtemperatur herunterkühlen lassen.

WISSENSWERTES ZU TOMATEN

Tomaten bringen eine gute Portion der Vitamine A und C mit und enthalten zudem reichlich Lykopin, einen Schutzstoff für die Körperzellen. Besonders aromatisch schmecken sie von etwa Juli bis September. Für einen glatten, cremigen Brei werden die Tomaten zunächst entkernt. Ist Ihr Baby größer und bereits an Beikost gewöhnt, können Sie die Tomaten auch mit den Kernen in den Brei geben. Gegebenenfalls benötigen Sie dann etwas weniger Wasser.

Baby Familie TIPP

Sellerie wirkt wie ein natürlicher Geschmacksverstärker und bringt eine cremige Konsistenz mit. Sie können ihn auch durch die mildere Pastinake ersetzen.

AB 5. – 7. MONAT

Zucchinibrei mit Putenbrust

1 Portion:
100 g Zucchini | 30 g Putenbrustfilet | 10 g Vollkornnudeln | ca. 50 ml Wasser | 1 ½ EL Orangendirektsaft oder frisch gepresst | 1 EL Rapsöl

1. Die Zucchini gründlich unter fließendem heißem Wasser waschen, die Enden abschneiden und die Zucchini in 1 bis 2 cm dicke Stücke schneiden. Das Putenbrustfilet waschen, trocken tupfen und circa ½ cm groß würfeln.

2. Zucchini, Nudeln und Putenbrustfilet mit dem Wasser in einen sehr kleinen, hohen Topf geben und bei geschlossenem Deckel einmal aufkochen. Auf kleiner Stufe unter gelegentlichem Rühren 7 bis 10 Minuten garen, bis Nudeln und Zucchini bissfest sind. Das Gemüse sollte nicht matschig werden.

3. Die Masse mit dem Mixstab fein pürieren, dann in ein Schälchen umfüllen, Orangensaft und Rapsöl unterrühren und vor dem Füttern auf Verzehrtemperatur herunterkühlen lassen.

WISSENSWERTES ZUM EINFRIEREN VON BREIEN

Der Gemüse-Kartoffel-Fleisch-Brei ist gut dazu geeignet, größere Portionen zu kochen und einen Teil einzufrieren. Besonders praktisch ist es, größere Mengen Fleisch zu garen und diese dann in 30-g-Portionen einzufrieren, zum Beispiel in Eiswürfelbehältern. Frieren Sie den ganzen Brei ein, dann bitte ohne Saft und Öl. Geben Sie diese Komponenten immer frisch dazu, da sonst die wertvollen Inhaltsstoffe durch das Frieren und anschließende Erhitzen zerstört werden. Die Getreidebreie sind nicht zum Einfrieren geeignet. Wegen der Keimgefahr sollten Sie Breie nicht über Nacht im Kühlschrank auftauen lassen und aufgetaute Breie nicht wieder einfrieren.

Baby Familie TIPP

Zucchini ist ein mildes, gut verträgliches heimisches Gemüse. Allerdings bringt sie Bitternoten mit, die nicht jedem Kind schmecken. Sie können die Zucchini zur Hälfte oder ganz durch Petersilienwurzel, Kohlrabi oder Fenchel ersetzen – ebenfalls milde Gemüsesorten.

AB 5. – 7. MONAT

Kohlrabibrei mit Hähnchen

1 Portion:
110 g Kohlrabi | 60 g Kartoffel | 30 g Hähnchenbrustfilet | ca. 50 ml Wasser | 1 EL Butter | 1 ½ EL Orangendirektsaft oder frisch gepresst

1. Den Kohlrabi waschen, schälen und in 1 bis 2 cm dicke Stücke schneiden. Die Kartoffeln schälen, waschen und in ca. 1 cm große Stücke schneiden. Das Hähnchenbrustfilet waschen, trocken tupfen und ca. ½ cm groß würfeln.

2. Kohlrabi, Kartoffel und Hähnchenbrustfilet mit dem Wasser in einen sehr kleinen, hohen Topf geben und bei geschlossenem Deckel einmal aufkochen. Anschließend auf kleiner Stufe unter gelegentlichem Rühren 7 bis 10 Minuten garen, bis das Gemüse bissfest ist. Zwischendurch probieren, damit das Gemüse nicht zu matschig wird. Etwa 2 Minuten vor Ende der Garzeit die Butter zugeben.

3. Die Masse mit dem Mixstab fein pürieren, dann in ein Schälchen umfüllen, Orangensaft unterrühren und vor dem Füttern auf Verzehrtemperatur herunterkühlen lassen.

WISSENSWERTES ZU KOHLRABI

Wenn Sie Kohlrabi kaufen, achten Sie darauf, möglichst zu kleinen Exemplaren zu greifen. Diese sind milder und zarter im Geschmack. Große Kohlrabi können schnell holzig sein. Weitere Merkmale für gute Qualität: eine unbeschädigte Schale, knackige, grüne Blätter und frische Stiele. Kohlrabi gibt es in den Farben Hellgrün oder Violett. Auf den Geschmack hat das jedoch keine Auswirkung.

Baby + Familie TIPP

Kohlrabi hat von April/Mai bis September Saison. Häufig bekommt man ihn das ganze Jahr über im Supermarkt. Sollten Sie im Winter keinen finden, nehmen Sie stattdessen einfach Steckrübe.

Petersilienwurzelbrei mit Schweinefilet

1 Portion:
110 g Petersilienwurzel | 60 g Kartoffel | 30 g Schweinefilet | ca. 50 ml Wasser | 1 ½ EL Schwarze-Johannisbeere-Direktsaft (Muttersaft) | 1 EL Rapsöl

1. Die Petersilienwurzel schälen, waschen und in 1 bis 2 cm dicke Stücke schneiden. Die Kartoffel schälen, waschen und in ca. 1 cm große Stücke schneiden. Das Schweinefilet waschen, trocken tupfen und etwa ½ cm groß würfeln.

2. Petersilienwurzel, Kartoffel und Fleisch mit dem Wasser in einen sehr kleinen, hohen Topf geben und bei geschlossenem Deckel einmal aufkochen. Anschließend auf kleiner Stufe unter gelegentlichem Rühren 7 bis 10 Minuten garen, bis das Gemüse bissfest ist. Zwischendurch probieren, damit es nicht zu matschig wird.

3. Die Masse mit dem Mixstab fein pürieren, dann in ein Schälchen umfüllen, Johannisbeersaft und Rapsöl unterrühren und vor dem Füttern auf Verzehrtemperatur herunterkühlen lassen.

WISSENSWERTES ZU JOHANNISBEERSAFT

Die Schwarze Johannisbeere ist eine der Vitamin-C-reichsten Obstsorten. Achten Sie darauf, dass Sie 100 Prozent Muttersaft, also puren Direktsaft kaufen. Er sollte keinerlei Zusätze enthalten, beispielsweise von Wasser, Zucker oder anderen Früchten. Sie können den schwarzen Johannisbeersaft in allen anderen Breien statt Orangensaft als Vitamin-C-reichen Saft verwenden. Und greifen Sie im Sommer doch mal zu frischen Johannisbeeren. Ab dem sechsten Monat verträgt Ihr Baby auch rohes Obst: einfach gründlich waschen, zerdrücken und unter den Brei rühren.

Baby Familie TIPP

Petersilienwurzel ist ein klassisches Herbst-/Wintergemüse. In der anderen Jahreshälfte können Sie den Brei einfach mit Kohlrabi oder auch mit Blumenkohl zubereiten.

Fenchelbrei mit Schweineschnitzel

1 Portion:
100 g Fenchel | 60 g Kartoffel | 30 g Schweineschnitzel | ca. 50 ml Wasser | 1 ½ EL Orangendirektsaft oder frisch gepresst | 1 EL Rapsöl

1. Den Fenchel gründlich unter heißem Wasser waschen. Dann in 1 bis 2 cm dicke Stücke schneiden. Die Kartoffel schälen, waschen und in ca. 1 cm große Stücke schneiden. Das Schweineschnitzel waschen, trocken tupfen und in etwa ½ cm große Würfel schneiden.

2. Fenchel, Kartoffel und Fleisch mit dem Wasser in einen sehr kleinen, hohen Topf geben und bei geschlossenem Deckel einmal aufkochen. Anschließend auf kleiner Stufe unter gelegentlichem Rühren 7 bis 10 Minuten garen, bis das Gemüse bissfest ist. Zwischendurch probieren, damit das Gemüse nicht zu matschig wird.

3. Die Masse mit dem Mixstab fein pürieren, dann in ein Schälchen umfüllen, Orangensaft und Rapsöl unterrühren und vor dem Füttern auf Verzehrtemperatur herunterkühlen lassen.

WISSENSWERTES ZU VIELFALT

Wurde früher ein Gemüse nach dem anderen eingeführt, heißt es heute: bitte schön vielfältig. Denn Kinder, die schon früh abwechslungsreich essen, akzeptieren später neue Aromen und Lebensmittel leichter, zeigen Studien. Sie können auch verschiedene Sorten kombinieren, denn jedes Gemüse bringt einen anders zusammengesetzten Nährstoffmix mit.

Baby & Familie TIPP

Statt der 30 g Schweineschnitzel können Sie auch am Ende der Garzeit ein Babygläschen mit der entsprechenden Menge einer fertigen Fleischzubereitung dazugeben. Es gibt beispielsweise Bio-Hähnchenfleisch- oder Bio-Rindfleischzubereitungen. Vorteil: Der Brei kühlt schneller auf Verzehrtemperatur ab.

Ab
6. – 8. Monat

Milch-Getreide-Brei

Grundrezept

Milch-Getreide-Brei

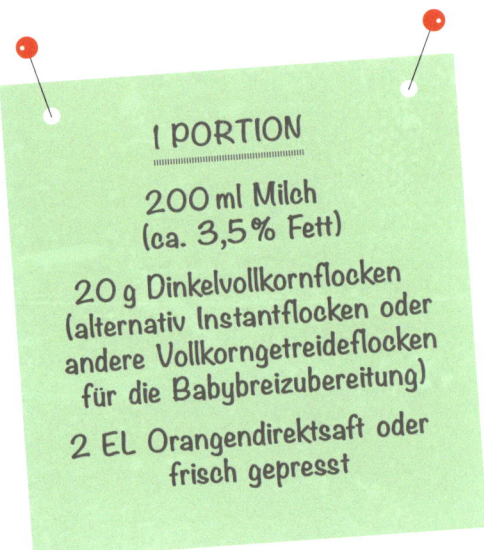

1 PORTION

200 ml Milch (ca. 3,5 % Fett)

20 g Dinkelvollkornflocken (alternativ Instantflocken oder andere Vollkorngetreideflocken für die Babybreizubereitung)

2 EL Orangendirektsaft oder frisch gepresst

1 Die Milch in einen sehr kleinen, hohen Topf geben und die Getreideflocken einrühren. Die Milch unter Rühren aufkochen, dann die Herdplatte ausschalten und die Flocken unter gelegentlichem Rühren ca. 3 Minuten quellen lassen, anschließend auf Verzehrtemperatur abkühlen lassen und mit dem Mixstab feincremig pürieren.

2 Den Orangensaft unter den Milch-Getreide-Brei rühren. Dann den Brei in ein Schälchen füllen und mit dem Löffel füttern.

 WISSENSWERTES ZU OBST

Babys ab dem sechsten Monat vertragen rohes Obst, das fein zerkleinert ist. So bleibt ein Großteil der Vitamine, vor allem das hitzeempfindliche Vitamin C, erhalten. Daher können Sie statt des Orangensafts auch frisches Obst der Saison gründlich waschen und püriert, fein gerieben oder zerdrückt in den Brei geben, beispielsweise eine Erdbeere.

AB 6. – 8. MONAT

Hafer-Pfirsich-Brei

1 Portion:
200 ml Milch (ca. 3,5 % Fett) | 20 g Hafervollkornflocken (alternativ Instantflocken) | 100 g Pfirsich

1. Die Milch in einen sehr kleinen, hohen Topf geben und die Haferflocken einrühren. Die Milch unter Rühren aufkochen, dann die Herdplatte ausschalten und die Flocken unter gelegentlichem Rühren ca. 3 Minuten quellen lassen.

2. Den Pfirsich gründlich waschen, entkernen und in Stücke schneiden. Pfirsichstücke zu den Haferflocken und der Milch geben und alles mit einem Mixstab feincremig pürieren. Anschließend den Brei in ein Schälchen füllen und auf Verzehrtemperatur abkühlen lassen. Mit dem Löffel füttern.

WISSENSWERTES ZUR OBSTMENGE

Frisches Obst wird als Vitamin-C-Quelle in den Milch-Getreide-Brei gegeben. Manche Obstsorten enthalten jedoch weniger Vitamin C als andere. Daher müssen Sie in diesen Fällen mehr Obst in den Brei geben. Sollte die Breimenge daraufhin zu viel sein, vielleicht weil Sie gerade am Anfang der Beikost stehen oder weil Ihr Baby lieber kleine Mengen isst, können Sie statt des frischen Obstes auch 2 EL frisch gepressten Orangensaft oder Orangendirektsaft zugeben.

 **TIPP**

Pfirsich hat gerade keine Saison? Dann können Sie stattdessen auch Apfel nehmen und diesen püriert oder fein gerieben in den Brei geben.

Hafer-Joghurt-Brei mit Himbeeren

1 Portion:
50 g Banane | 25 g Himbeeren | 200 g Naturjoghurt (ca. 3,5 % Fett) | 20 g Hafervollkornflocken (alternativ Hafer-Instantflocken)

1. Die Banane schälen und in kleine Stücke schneiden. Die Himbeeren gründlich waschen.

2. Den Joghurt mit den Haferflocken, den Bananenstücken und den Himbeeren in einen hohen Rührbecher geben und mit dem Mixstab fein pürieren. Den Brei in ein Schälchen umfüllen und mit dem Löffel füttern.

 WISSENSWERTES ZU BANANE

Bananen sind wegen ihres süßen Geschmacks beliebt. Allerdings sollten Kinder im ersten Lebensjahr und möglichst noch darüber hinaus allenfalls moderate Mengen an süßen Lebensmitteln kennenlernen. Je früher Kinder sich an den süßen Geschmack gewöhnen, desto mehr Zucker verlangen sie in der Regel, je älter sie werden. Daher bieten Sie Bananen im Babybrei bestenfalls nur selten und am besten in Kombination mit säuerlichem Obst an – wie in diesem Fall mit Himbeeren.

Baby Familie TIPP

Dieser Brei wird kalt serviert. Besonders Babys, die gerade Zähnchen bekommen, genießen den kühlenden Effekt, den der Joghurtbrei auf ihren Gaumen hat.

Blaubeer-Grieß-Brei

1 Portion:
200 ml Milch (ca. 3,5 % Fett) | 20 g Weichweizengrieß (alternativ Instantgrieß für die Babybreizubereitung) | 50 g Blaubeeren (alternativ 2 EL Orangendirektsaft oder frisch gepresst)

1. Die Milch in einen sehr kleinen, hohen Topf geben und den Grieß einrühren. Die Milch unter Rühren aufkochen, dann die Herdplatte ausschalten und den Grieß unter gelegentlichem Rühren ca. 3 Minuten quellen lassen.

2. Die Blaubeeren gründlich waschen, und zum Grieß geben. Alles mit dem Mixstab feincremig pürieren. Anschließend den Brei in ein Schälchen füllen und auf Verzehrtemperatur abkühlen lassen. Mit dem Löffel füttern.

WISSENSWERTES ZU TIEFGEKÜHLTEM OBST

Die Blaubeeren dienen im Milch-Getreide-Brei als Vitamin-C-Lieferant. Tiefkühlbeeren können Sie grundsätzlich als Alternative verwenden. Sie sollten diese jedoch einmal aufkochen und auf 90 °C erhitzen lassen, um die Keimgefahr zu reduzieren. Das zerstört aber auch einen Großteil des Vitamin C. Eine andere Alternative zu frischen Beeren ist ein Vitamin-C-reicher Direktsaft, zum Beispiel aus Orangen oder Schwarzen Johannisbeeren. Verwenden Sie davon im Milch-Getreide-Brei einfach 2 EL anstelle der frischen Beeren.

 **TIPP**

Um es farblich abwechslungsreicher zu gestalten, können Sie die Blaubeeren getrennt vom Brei pürieren und das Blaubeerpüree kreisförmig als Swirl in den Grieß rühren.

Dinkel-Kirsch-Brei

1 Portion:
200 ml Milch (ca. 3,5 % Fett) | 20 g Weizenvollkornflocken (alternativ Instantflocken) | 25 g Kirschen | 25 g Erdbeeren

1. Die Milch in einen sehr kleinen, hohen Topf geben und die Getreideflocken einrühren. Die Milch unter Rühren aufkochen, die Herdplatte ausschalten und die Flocken unter gelegentlichem Rühren ca. 3 Minuten quellen lassen.

2. Die Kirschen und die Erdbeeren gründlich waschen. Die Kirschen entkernen, den Stielansatz der Erdbeeren entfernen. Erdbeeren und Kirschen zu den Getreideflocken und der Milch geben und alles mit dem Mixstab feincremig pürieren.

3. Anschließend den Brei in ein Schälchen füllen und auf Verzehrtemperatur abkühlen lassen. Mit dem Löffel füttern.

WISSENSWERTES ZU KIRSCHEN

Sie können für den Brei sowohl Süß- als auch Sauerkirschen verwenden. Süßkirschen enthalten etwas mehr Fruchtzucker, Sauerkirschen enthalten mehr Vitamin A. Probieren Sie, was Ihrem Baby schmeckt. Wichtig ist, dass Sie jede Kirsche einzeln sorgfältig entkernen. Greifen Sie am besten zu heimischen Bio-Kirschen. Diese sind nicht mit Pestiziden belastet und enthalten keine derartigen Rückstände.

Baby Familie TIPP

Statt einer Kombination aus Erdbeeren und Kirschen können Sie auch nur Kirschen oder nur Erdbeeren verwenden. Das frische Obst können Sie übrigens in allen Milch-Getreide-Breien durch 2 EL Vitamin-C-reichen Orangendirektsaft ersetzen.

AB 6. – 8. MONAT

Pflaumen-Grieß-Brei

1 Portion:
200 ml Milch (ca. 3,5 % Fett) | 20 g Dinkelgrieß (alternativ Instantgrieß für die Babybreizubereitung) | 100 g reife Pflaumen (gelb, rot oder violett) | 50 g reife Aprikosen

1. Die Milch in einen sehr kleinen, hohen Topf geben und den Grieß einrühren. Die Milch unter Rühren aufkochen, dann die Herdplatte ausschalten und den Grieß unter gelegentlichem Rühren ca. 3 Minuten quellen lassen.

2. Die Pflaumen und die Aprikosen gründlich waschen, entkernen und in Stücke schneiden. Die Fruchtstücke zum Grieß und zur Milch geben und alles mit einem Mixstab feincremig pürieren.

3. Anschließend den Brei in ein Schälchen füllen und auf Verzehrtemperatur abkühlen lassen. Mit dem Löffel füttern.

WISSENSWERTES ZU PFLAUMEN

Pflaumen sind kein besonders üppiger Vitamin-C-Lieferant. Sie enthalten nur 5 mg pro 100 g Frucht. Im Gegensatz dazu bringt eine Orange das 10-fache mit. Aber Pflaumen enthalten auch kaum Säure, das macht sie gut verträglich. Außerdem sind sie reich an Flavonoiden – Schutzstoffe für die Körperzellen – sowie B-Vitaminen. Pflaumen sind natürlicherweise von einer dünnen wachsartigen Schicht überzogen. Daher Pflaumen bitte gründlich waschen.

TIPP

Dieser Brei enthält etwas mehr Obst, weil Pflaumen allein wenig Vitamin C liefern. Ist Ihr Baby erst am Anfang der Breiphase, ist die Menge womöglich etwas zu viel. Dann können Sie einfach das Obst durch 2 EL Vitamin-C-reichen Orangendirektsaft ersetzen.

Birne-Mehrkorn-Brei

1 Portion:
200 ml Milch (ca. 3,5% Fett) | 20 g Mehrkorn-Vollkornflocken (alternativ Instantflocken oder andere Vollkorngetreideflocken für die Babybreizubereitung) | 50 g reife, weiche Birne | 20 g reife Stachelbeeren

1. Die Milch in einen sehr kleinen, hohen Topf geben und die Getreideflocken einrühren. Die Milch unter Rühren aufkochen, die Herdplatte ausschalten und die Flocken unter gelegentlichem Rühren ca. 3 Minuten quellen lassen.

2. Die Birne gründlich waschen, das Kerngehäuse entfernen und die Frucht in Stücke schneiden. Die Stachelbeeren ebenfalls gründlich waschen, Stiele und Blütenansätze entfernen.

3. Dann Birnenstücke und Stachelbeeren zu den Getreideflocken und der Milch geben und alles mit einem Mixstab feincremig pürieren. Anschließend den Brei in ein Schälchen füllen und auf Verzehrtemperatur abkühlen lassen. Mit dem Löffel füttern.

WISSENSWERTES ZU STACHELBEEREN

Stachelbeeren gibt es in Rot, Gelb und Grünweiß. Achten Sie bei allen Sorten darauf, dass die Früchte reif sind. Das können Sie daran erkennen, dass die Früchte nicht mehr ganz so fest, sondern etwas weicher sind, rote Beeren sollten zudem kräftig rot gefärbt sein. Unreife Früchte enthalten sehr viel Säure. Reife Früchte hingegen schmecken milder und sind leichter verträglich.

Baby Familie TIPP

Birne ist ein mildes, gut verträgliches Obst, enthält aber leider wenig Vitamin C. Daher wird sie in diesem Brei mit Stachelbeere kombiniert. Alternativ können Sie anstelle von Stachelbeeren auf die gleiche Menge Honigmelone zurückgreifen. Die ist zwar nicht heimisch, zählt aber ebenfalls zu den milden Obstsorten.

AB 6. – 8. MONAT

Ab 7. – 9. Monat

Getreide-Obst-Brei

Grundrezept

Getreide-Obst-Brei

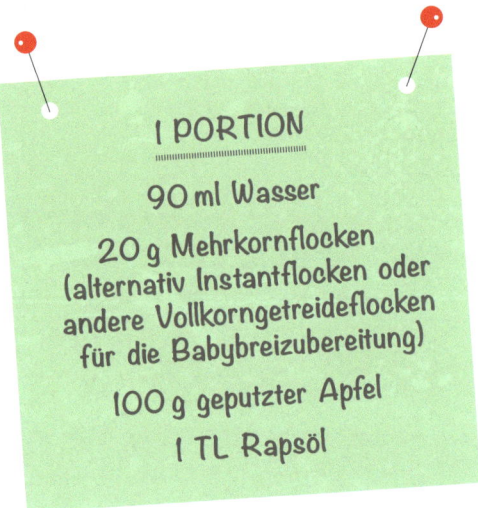

1 PORTION

90 ml Wasser

20 g Mehrkornflocken (alternativ Instantflocken oder andere Vollkorngetreideflocken für die Babybreizubereitung)

100 g geputzter Apfel

1 TL Rapsöl

1. Das Wasser in einen sehr kleinen, hohen Topf geben, die Flocken einrühren und einmal aufkochen lassen. Dann die Herdplatte ausschalten und die Flocken unter gelegentlichem Rühren ca. 3 Minuten quellen lassen.

2. Den Apfel in kleine Stücke schneiden und mit dem Rapsöl unter die Getreideflocken rühren. Alles mit dem Mixstab feincremig pürieren, in eine Schüssel füllen, auf Verzehrtemperatur abkühlen lassen und mit dem Löffel servieren.

Baby Familie TIPP

Alternativ können Sie den geputzten Apfel anstatt zu pürieren auf einer Gemüsereibe fein reiben und unter die pürierten Flocken rühren.

Pflaumenbrei mit Mandel

1 Portion:
90 ml Wasser | 20 g Vollkornhaferflocken (alternativ Instantflocken) | 110 g Pflaume | 1 TL weißes Mandelmus

1. Das Wasser in einen sehr kleinen, hohen Topf geben, die Haferflocken einrühren und einmal aufkochen lassen. Dann die Herdplatte ausschalten und die Flocken unter gelegentlichem Rühren ca. 3 Minuten quellen lassen.

2. Inzwischen die Pflaume gründlich waschen und entkernen, dann in kleine Stücke schneiden. Die Pflaume zu den Haferflocken geben und alles sehr fein pürieren. Das Mandelmus unterrühren, in eine Schüssel füllen, auf Verzehrtemperatur abkühlen lassen und mit dem Löffel füttern.

WISSENSWERTES ZU PFLAUMEN UND ZWETSCHGEN

Zwetschgen und Pflaumen können leicht verwechselt werden. Während Pflaumen eine rundliche bis ovale Form haben und sich nur schwer vom Kern lösen, haben Zwetschgen eine längliche Form, die Enden laufen spitz zu. Und: Die Frucht lässt sich relativ leicht vom Kern lösen. Die Farbe der Zwetschgen ist blauviolett, Pflaumen hingegen gibt es auch in Gelb oder Rot.

Baby Familie TIPP

Für unterwegs können Sie den Brei wie folgt abwandeln: Füllen Sie die entsprechende Menge Instantflocken in ein großes Schraubglas und geben Sie 1 TL Mandelmus dazu. Füllen Sie kochendes Wasser in eine Thermoskanne und nehmen Sie ein Babygläschen Pflaumen-Obstpüree mit. Gießen Sie die Flocken mit 90 ml heißem Wasser auf, rühren Sie alles glatt und geben Sie das Püree dazu. Fertig!

Orangenbrei mit Haselnuss

1 Portion:
70 ml Wasser | 20 g Vollkornhaferflocken (alternativ Instantflocken) | 200 g Orange | 1 TL Haselnussmus

1. Das Wasser in einen sehr kleinen, hohen Topf geben, die Flocken einrühren und einmal aufkochen lassen. Dann die Herdplatte ausschalten und die Flocken unter gelegentlichem Rühren ca. 3 Minuten quellen lassen.

2. Inzwischen die Orange schälen, von allen weißen Häuten und Zwischenhäuten befreien und eventuell vorhandene Kerne sorgfältig entfernen. Die Orange in Stücke schneiden, diese zu den Haferflocken geben und alles mit dem Mixstab fein pürieren.

3. Dann das Haselnussmus unter die Getreideflocken rühren, in eine Schüssel füllen, auf Verzehrtemperatur abkühlen lassen und mit dem Löffel füttern.

WISSENSWERTES ZU HASELNUSSMUS

Haselnüsse sind reich an Kalzium und Vitamin E, sie enthalten zudem eine gute Portion Eisen. Diese Nährstoffe sind auch im Haselnussmus enthalten. Dazu punktet es mit gesunden ungesättigten Fettsäuren. Daher können Sie ruhig gelegentlich mal ein Nussmus wie Haselnussmus nutzen, um damit das Rapsöl zu ersetzen. Geht es zum Ende des ersten Lebensjahres langsam los mit der Familienkost, macht sich eine dünne Schicht Haselnussmus auch gut als Brotaufstrich – zerdrückte Himbeeren darüber und fertig ist das zuckerfreie Frühstücksbrot.

Baby Familie TIPP

Kein Haselnussmus zur Hand? Sie können stattdessen auch die gleiche Menge Mandelmus oder Rapsöl zur Zubereitung dieses Babybreis verwenden.

Hirse-Aprikosen-Brei

1 Portion:
90 ml Wasser | 20 g Hirseflocken für die Babybreizubereitung | 100 g Aprikosen | 1 TL Rapsöl

1. Das Wasser in einen sehr kleinen, hohen Topf geben, die Flocken einrühren und einmal aufkochen lassen. Dann die Herdplatte ausschalten und die Flocken unter gelegentlichem Rühren ca. 3 Minuten quellen lassen.

2. Inzwischen die Aprikosen gründlich waschen, entkernen und zu den Hirseflocken geben. Die Masse mit einem Mixstab fein pürieren.

3. Dann das Rapsöl unterrühren, in eine Schüssel füllen, auf Verzehrtemperatur abkühlen lassen und mit dem Löffel füttern.

WISSENSWERTES ZU APRIKOSEN

Heimische Aprikosen sind ab Juli bis in den Herbst hinein verfügbar. Sie sind milde, gut bekömmliche Früchte, die unter anderem eine gute Portion Vitamin A mitbringen. Die Farbe des Fruchtfleischs variiert je nach Sorte von Weiß über Hellgelb bis Tieforange. Außerhalb der Aprikosensaison können Sie den Brei mit Birne oder Apfel zubereiten. Beide Früchte können Sie pürieren oder auf einer Gemüsereibe fein raspeln.

TIPP

Hirse ist reich an Eisen, davon profitieren besonders Babys, die vegetarisch ernährt werden. Sie können für diesen Brei alternativ aber auch andere Getreideflocken, etwa Hafer-, Dinkel- oder Mehrkornflocken, verwenden.

Dinkel-Birnen-Brei mit Himbeeren

1 Portion:
90 ml Wasser | 20 g Vollkorndinkelflocken (alternativ Instantflocken) | 85 g reife, weiche Birne | 25 g Himbeeren | 1 TL Rapsöl

1. Das Wasser in einen kleinen, hohen Topf geben, die Flocken einrühren und aufkochen lassen. Herdplatte ausschalten und unter gelegentlichem Rühren ca. 3 Minuten quellen lassen.

2. Inzwischen die Birne und die Himbeeren gründlich waschen. Das Kerngehäuse der Birne entfernen und die Birne in kleine Stücke schneiden. Birnenstücke und Himbeeren zu den Getreideflocken geben und mit dem Mixstab fein pürieren.

3. Dann das Rapsöl unter die Getreideflocken rühren, in eine Schüssel füllen, auf Verzehrtemperatur abkühlen lassen und mit dem Löffel füttern.

WISSENSWERTES ZUR SÄTTIGUNG

Babys haben natürlicherweise ein Gespür dafür, wann sie satt sind. Daher ist es völlig in Ordnung, wenn Kinder nicht aufessen. An manchen Tagen haben sie mehr Hunger als an anderen. Das geht sogar Erwachsenen noch so. Druck, Zwang oder Ablenkung sollten am Esstisch keinen Platz haben. Sie merken, dass Ihr Baby satt ist, wenn …
- *es langsamer isst;*
- *es den Löffel abwehrt oder den Mund nicht mehr öffnet;*
- *es zufrieden und entspannt auf Sie wirkt;*
- *es einschläft.*

 **TIPP**

Sind Sie schon fortgeschritten in der Beikost, können Sie auch nur die Birne mit den Flocken pürieren. Die Himbeeren geben Sie dann einfach leicht zerdrückt auf den Brei. Rührt Ihr Baby die Himbeeren mit dem Löffel in den Brei ein, gibt das ein schönes Farbspiel.

Vollkorngrieß mit Erdbeeren

1 Portion:
90 ml Wasser | 20 g Weizengrieß (alternativ Instantgrieß für die Babybreizubereitung) | 1 TL weiche Butter | 100 g Erdbeeren

1. Das Wasser in einen sehr kleinen, hohen Topf geben, den Grieß einrühren und einmal aufkochen lassen. Die Herdplatte ausschalten, die Butter zugeben und den Grieß unter gelegentlichem Rühren ca. 3 Minuten quellen lassen. Dann den Brei fein pürieren und auf Verzehrtemperatur abkühlen lassen.

2. Inzwischen die Erdbeeren vorsichtig gründlich waschen, den Stielansatz entfernen und die Beeren klein schneiden. Diese in einen Rührbecher geben und mit dem Mixstab fein pürieren.

3. Das Erdbeerpüree unter den Grieß rühren, in eine Schüssel füllen und mit dem Löffel füttern.

🍴 WISSENSWERTES ZU WASSER IM BREI

Die Wassermenge im Babybrei ist ein Näherungswert und unter anderem abhängig vom Reifegrad und Wassergehalt der Früchte, aber auch von der Konsistenz, die Ihr Baby gerne mag. Manche mögen es lieber etwas flüssiger, andere bevorzugen festere Breie. Je weiter fortgeschritten Ihr Baby in der Beikost ist, desto eher mag es auch mal stückigere und festere Konsistenzen probieren. Tasten Sie sich hier einfach heran und schauen Sie, was für Ihr Baby am besten ist.

Baby Familie TIPP

Grießbrei mit Erdbeeren, das ist nicht nur ein leckerer Babybrei, sondern beliebt bei Groß und Klein. Bereiten Sie doch gleich eine ganze Familienportion zu. Dazu die Babybreimenge vorher abnehmen und pürieren und für die Großen noch etwas Grieß zufügen und zu einer festeren Konsistenz garen.

Nektarine-Dinkel-Brei

1 Portion:
90 ml Wasser | 20 g Vollkorndinkelflocken (alternativ Instantflocken) | 100 g Nektarine | 1 TL Rapsöl

1. Das Wasser in einen sehr kleinen, hohen Topf geben, die Dinkelflocken einrühren und einmal aufkochen lassen. Dann die Herdplatte ausschalten und die Flocken unter gelegentlichem Rühren ca. 3 Minuten quellen lassen.

2. Inzwischen die Nektarine waschen, vom Kern lösen und in kleine Stücke schneiden. Diese zu den Dinkelflocken geben und mit dem Mixstab fein pürieren.

3. Das Rapsöl unterrühren, den Brei in eine Schüssel umfüllen, auf Verzehrtemperatur abkühlen lassen und mit dem Löffel füttern.

WISSENSWERTES ZUM PÜRIEREN

Mit dem Einstieg in die Beikost lernt Ihr Baby eine ganz neue Art zu essen, weg vom Saugen hin zum Kauen. Dafür ist es hilfreich, den Brei zunächst sehr fein zu pürieren. Sind Sie beide geübter in Sachen Beikost, können Sie auch gern mal gröbere Konsistenzen anbieten. Nutzen Sie beispielsweise Feinblattgetreideflocken und lassen Sie diese statt 3 Minuten etwa 10 Minuten köcheln. Dann brauchen Sie den Brei nicht zu pürieren. Weiches Obst wie Himbeeren können Sie auch einfach mit der Gabel zerdrücken.

TIPP

Nektarinen sind eng mit Pfirsichen verwandt und haben ab Juli Saison. Sie können aber auch einfach 100 g anderes Obst der Saison verwenden, etwa Kirschen, Pflaumen oder Beeren.

Babys erster Brei

Kombi-Rezepte für Eltern und Kind

Kartoffel-Möhren-Brei

Zubereitungszeit: 25 Minuten | **Garzeit:** 30 Minuten

Zutaten für 2 Portionen:

200 g Kartoffeln
300 g Möhren
1 Ei
60 g zarte Haferflocken
6 EL Vitaman-C-reicher Apfeldirektsaft
3 EL Rapsöl
Salz
Pfeffer
frisch geriebene Muskatnuss
50 g Feldsalat
1 TL Senf

1. Kartoffeln und Möhren schälen und waschen, 100 g Möhren abnehmen, alles andere würfeln. 100 ml Wasser in einem kleinen Topf aufkochen, Kartoffel- und Möhrenwürfel darin 15 bis 20 Minuten zugedeckt garen. Anschließend mit dem Kartoffelstampfer zerstampfen. Das Ei verquirlen.

2. Für das Baby ein Drittel des Kartoffel-Möhren-Pürees abnehmen. 10 g Haferflocken mit 50 ml Wasser in einem kleinen, hohen Topf kurz aufkochen und 3 Minuten quellen lassen, dann fein pürieren. Mit dem Kartoffel-Möhren-Püree vermengen, 3 ½ EL Saft sowie 1 EL Öl unterrühren und auf Verzehrtemperatur abkühlen lassen.

3. Für den Erwachsenen das Ei unter den Rest des Kartoffel-Möhren-Pürees ziehen. Die übrigen Haferflocken einrühren und kräftig mit Salz, Pfeffer und geriebener Muskatnuss würzen.

4. Die übrigen Möhren raspeln. Feldsalat verlesen, die kleinen Wurzeln abschneiden. Salat waschen und abtropfen lassen. Für die Vinaigrette restlichen Apfelsaft mit 1 EL Rapsöl, Senf, Salz und Pfeffer verrühren. Dressing und Salat mischen.

5. Aus der Masse mit angefeuchteten Händen vier Puffer formen. 1 EL Öl in einer beschichteten Pfanne erhitzen und die Puffer von beiden Seiten 8 bis 10 Minuten goldbraun braten.

Spaghetti-Erbsen-Brei

Zubereitungszeit: 30 Minuten | **Garzeit:** etwa 15 Minuten

Zutaten für 2 Portionen:

100 g Vollkornspaghetti
½ Bund Petersilie
1 Ei
1 Knoblauchzehe
300 g frische Palerbsen oder
   150 g TK-Erbsen
10 g Haferflocken
2 EL Butter
3½ EL Orangendirektsaft
50 g Kräuterfrischkäse
Salz, Pfeffer
frisch geriebene Muskatnuss

1. Spaghetti nach Packungsangabe in Wasser bissfest garen und abgießen. Wasser dabei auffangen und beiseitestellen.

2. Petersilie waschen, trocken schütteln, Blättchen abzupfen und hacken. Ei verquirlen. Knoblauch schälen und hacken. Die Erbsen in 100 ml Nudelwasser aufkochen und 2 bis 3 Minuten dünsten. Die Haferflocken mit 50 ml Wasser aufkochen und 3 Minuten quellen lassen.

3. Für das Baby ein Viertel der Nudeln und ein Drittel der Erbsen abnehmen und mit ½ Teelöffel Petersilie sowie den Haferflocken pürieren. Dann 1 EL Butter und den Saft unterrühren und auf Verzehrtemperatur abkühlen lassen. Ist der Brei zu fest, etwas Nudelwasser untermischen.

4. Für den Erwachsenen Knoblauch in der übrigen Butter andünsten, dann 100 ml Nudelwasser und Frischkäse zugeben, glatt rühren und einmal aufkochen lassen. Mit Salz, Pfeffer und Muskatnuss kräftig abschmecken.

5. Das verquirlte Ei mit dem Schneebesen einrühren und heiß werden lassen, bis die Sauce andickt. Dann kurz weiterrühren und Erbsen, Petersilie und Nudeln untermischen.

Erwachsenen-Rezept: Spaghetti mit Erbsen-Carbonara

Kichererbsen-Möhren-Brei

Zubereitungszeit: etwa 20 Minuten | **Garzeit:** etwa 15 Minuten

Zutaten für 3 Portionen:

1 Zwiebel
4 Möhren
60 g Kartoffel
2 Stangen Staudensellerie
250 g Kichererbsen (Dose)
150 g Mais (Dose)
2 EL geröstete Erdnusskerne
10 g Haferflocken
2 ½ EL Rapsöl
Saft von 1 Orange
mildes Currypulver
1 EL gelbe Currypaste
200 ml Kokosmilch
Salz
Pfeffer
Chilipulver

1. Die Zwiebel schälen und fein hacken. Möhren, Kartoffel und Sellerie waschen. Die Möhren und Kartoffel schälen, den Sellerie putzen. Möhren und Sellerie in dünne Scheiben, Kartoffel in 1 cm große Stücke schneiden. Kichererbsen und Mais abgießen, abbrausen und abtropfen lassen. Die Erdnüsse grob hacken.

2. Kartoffelstücke mit 50 g Möhren, 50 g Kichererbsen, den Haferflocken und 80 ml Wasser in einen kleinen, hohen Topf geben und bei geschlossenem Deckel einmal aufkochen. Anschließend auf kleiner Stufe unter gelegentlichem Rühren ca. 10 Minuten garen, bis das Gemüse bissfest ist. Dann die Masse fein pürieren, 3 ½ EL Orangensaft und 1 EL Rapsöl unterrühren und den Brei auf Verzehrtemperatur abkühlen lassen.

3. Für den Erwachsenen inzwischen in einer Pfanne 2 EL Öl erhitzen und die Zwiebel darin glasig anschwitzen. Möhren und Sellerie dazugeben und unter Rühren hell anschwitzen. 150 ml Wasser und 50 ml Orangensaft angießen und das Gemüse zugedeckt 5 bis 10 Minuten dünsten. Kichererbsen und Mais dazugeben und kurz mitgaren.

4. Dann die Currypaste und Currypulver unterrühren. Alles mit der Kokosmilch sowie übrigem Orangensaft ablöschen und mit Salz, Pfeffer und Chilipulver würzen. Das Curry nochmals kurz köcheln lassen, abschmecken, mit den Erdnüssen bestreuen und servieren. Dazu passt Vollkornreis.

Puten-Zuckerschoten-Brei mit Nudeln

Zubereitungszeit: 15 Minuten | **Garzeit:** etwa 20 Minuten

Zutaten für 3 Portionen:

160 g Vollkornspirelli
200 g Zuckererbsenschoten
150 g Putenbrustfilet
1 kleine Bio-Orange
2 EL Rapsöl
75 g Sahne
1 gestr. TL gekörnte Hühnerbrühe
Pfeffer
1 Handvoll Salat nach Belieben, z.B. Eisbergsalat, Pflücksalat oder Rucola

1. Die Spirelli in Wasser bissfest garen und abgießen. Die Zuckererbsenschoten putzen, waschen und in einem Topf mit etwas Wasser 5 Minuten blanchieren. Dann in ein Sieb abgießen und abschrecken.

2. Das Putenbrustfilet waschen, trocken tupfen und in Streifen schneiden. Die Orange gründlich heiß abspülen. Die Hälfte der Schale mit einem Zestenreißer schälen. Dann die Orange halbieren und den Saft aus beiden Hälften auspressen.

3. 1 EL Rapsöl in einer beschichteten Pfanne erhitzen. Die Putenstreifen darin bei starker Hitze ringsum 5 Minuten goldbraun an- und durchbraten.

4. Für den Brei 30 g Putenfleisch abnehmen und mit 1 ½ EL Orangensaft, 1 EL Rapsöl, 100 g Zuckerschoten, 25 g Vollkornspirelli und 3 EL Wasser in einen hohen Rührbecher geben und feincremig pürieren.

5. Für den Erwachsenen den restlichen Orangensaft, Sahne, Brühe und restliche Zuckererbsenschoten zu den Putenstreifen in die Pfanne geben und bei mittlerer Hitze 5 Minuten erwärmen. Die Sauce mit Pfeffer abschmecken.

6. Den Eisbergsalat putzen, waschen und in feine Streifen schneiden. Die Nudeln auf Teller verteilen, den Salat unterheben, die Sauce und Orangenzesten darübergeben.

Erwachsenen-Rezept: Pasta mit Putenbrust und Orangensauce

Kartoffel-Kürbis-Brei mit Rind

Zubereitungszeit: 15 Minuten | **Garzeit:** etwa 30 Minuten

Zutaten für 3 Portionen:

400 g Kartoffeln
350 g Hokkaidokürbis ohne Kerne
200 g Rinderschulter
75 g Basmati-Wildreismischung
3 EL Rapsöl
¼ Bund glatte Petersilie
1 ½ EL Orangendirektsaft
1 gestr. TL gekörnte Rinderbrühe
Pfeffer

1. Die Kartoffeln schälen, waschen. Den Kürbis heiß waschen. Kürbis und Kartoffeln in etwa 2 cm große Stücke schneiden. Das Fleisch waschen, trocken tupfen und in etwa 1 cm kleine Stücke schneiden.

2. Den Reis mit 150 ml Wasser in einen kleinen Topf geben, einmal aufkochen und dann bei ausgeschalteter Platte und geschlossenem Deckel mindestens 10 Minuten quellen lassen.

3. 1 EL Rapsöl in einer tiefen Pfanne erhitzen, das Fleisch darin 2 Minuten scharf anbraten. Dann Kürbis- und Kartoffelstücke dazugeben und mit 250 ml kochendem Wasser ablöschen. Bei mittlerer Hitze und geschlossenem Deckel 10 Minuten garen. Inzwischen die Petersilie waschen, trocken schütteln, die Blättchen abzupfen und fein hacken.

4. Für den Brei 180 g Fleisch-Gemüse-Mischung und 2 bis 3 EL Garflüssigkeit abnehmen und in einen hohen Rührbecher geben. 1 EL Rapsöl sowie den Orangendirektsaft zugeben und alles feincremig pürieren. Gegebenenfalls für eine noch cremigere Konsistenz 1 weiteren EL Wasser zugeben.

5. Für den Erwachsenen restliches Rapsöl sowie die Brühe unter die Fleisch-Gemüse-Mischung in der Pfanne rühren und mit Pfeffer abschmecken. Die Rinder-Gemüse-Pfanne mit dem Reis auf Teller geben und mit Petersilie bestreut servieren.

Babys erster Brei

Umstieg auf feste Nahrung

Apfelpfannkuchen

Pro Pfannkuchen: E: 4 g, F: 5 g, Kh: 14 g, kcal: 120 | **Zubereitungszeit:** ca. 30 Minuten | **Garzeit:** ca. 5 Minuten je Pfannkuchen

Zutaten für 16 kleine Pfannkuchen:

Für die Pfannkuchen:
3 aromatische Äpfel, z.B. Boskoop oder Cox Orange (etwa 450 g)
2 EL Zitronensaft
2 Eier
120 g Dinkelmehl (Type 630)
1 TL gem. Ceylon-Zimtpulver
70 ml Milch (3,5 % Fett)
ca. 5 EL Speiseöl

Für die Quarkcreme:
150 g Naturjoghurt (3,5 % Fett)
200 g Speisequark (20 % Fett)
4 EL Apfelmark (ohne Zucker)

1. Für die Pfannkuchen die Äpfel entstielen, waschen und abtrocknen. Die Kerngehäuse mit einem Apfelausstecher entfernen. 1 bis 2 Äpfel auf dem Gemüsehobel in etwa 2 bis 3 mm dicke Scheiben hobeln. Den Rest der Äpfel auf der groben Seite der Haushaltsreibe raspeln. Apfelscheiben und Apfelraspel mit jeweils 1 EL Zitronensaft mischen.

2. Die Eier trennen. Eiweiße in eine Rührschüssel geben und steif schlagen. Den Backofen auf 100 °C vorheizen (Umluft 80 °C).

3. Mehl und Zimt in eine Schüssel geben, Milch und Eigelbe nach und nach mit dem Mixer (Rührbesen) unterrühren. Dann die Apfelraspel einrühren und zum Schluss den Eischnee unterheben.

4. In einer beschichteten Pfanne etwas Öl erhitzen. Für jeden Pfannkuchen 1 Apfelring in die Pfanne legen. Jeweils 1 bis 2 EL Teig daraufgeben und mit 1 Apfelring bedecken. Bei schwacher bis mittlerer Hitze 2 bis 3 Minuten backen, wenden, wieder etwas Fett in die Pfanne geben und weitere 1 bis 2 Minuten backen. Die fertigen Pfannkuchen auf einem mit Backpapier ausgelegten Backblech im Ofen warm halten.

5. Für die Quarkcreme Joghurt, Quark und Apfelmark verrühren und zu den Pfannkuchen servieren. Eine Portion Pfannkuchen für Essanfänger in kleine Stücke schneiden und darauf achten, dass die Äpfel weich genug sind.

Frikadellen mit Möhren

Pro Portion: E: 30g, F: 28g, Kh: 25g, kcal: 475 | **Zubereitungszeit:** 20 Minuten, ohne Abkühlzeit | **Garzeit:** 10–15 Minuten

Zutaten für 4 Portionen:

Für das Möhrengemüse:
1 Bund Möhren
1 TL Butter

Für die Frikadellen:
1 Brötchen (Semmel) vom Vortag
2 Zwiebeln
1 EL Sonnenblumenöl
500 g Bio-Hackfleisch (halb Rind-, halb Schweinefleisch)
1 Ei
Paprikapulver (edelsüß)
1 EL Rapsöl
½ Bund Petersilie

1 Die Möhren putzen, schälen und schräg in mundgerechte Stücke schneiden. Für die Frikadellen das Brötchen in kaltem Wasser einweichen. Zwiebeln schälen und fein würfeln. Sonnenblumenöl in einer Pfanne erhitzen. Die Zwiebelwürfel darin glasig dünsten, dann aus der Pfanne nehmen.

2 Die Brötchen gut ausdrücken, mit Hackfleisch, Zwiebelwürfeln und Ei vermengen. Die Masse mit Paprikapulver würzen und daraus mit angefeuchteten Händen 8 Frikadellen formen.

3 Das Rapsöl in der Pfanne erhitzen. Die Frikadellen darin von beiden Seiten bei mittlerer Hitze 10 bis 15 Minuten braun anbraten und gut durchgaren.

4 Inzwischen die Möhrenstücke in einen Topf geben. 50 ml Wasser und die Butter hinzugeben und zugedeckt zum Kochen bringen. 8 bis 10 Minuten bei mittlerer Hitze und geschlossenem Deckel dünsten lassen. Eventuell etwas Wasser nachgießen.

5 Die Petersilie waschen, trocken schütteln, die Blättchen abzupfen und klein hacken. Die Frikadellen mit dem Möhrengemüse auf Teller geben und mit Petersilie bestreuen. Dazu passt Kartoffelpüree.

 TIPP
Erwachsene und ältere Kinder können sich Frikadellen und Möhrengemüse mit Salz und Pfeffer nachwürzen.

Gemüse-Eintopf

Pro Portion: E: 7g, F: 12g, Kh: 22g, kcal: 222 | **Zubereitungszeit:** 45 Minuten | **Garzeit:** ca. 25 Minuten

Zutaten für 4 Portionen:

375 g Möhren
375 g Kartoffeln
375 g grüne Bohnen
250 g Blumenkohl
2 Zwiebeln
50 g Butter oder
 4–5 EL Sonnenblumenöl
750 ml heiße Gemüsebrühe
250 g Tomatenstücke aus der Dose
Salz, Pfeffer
2 EL klein geschnittene Kräuter, z. B. Petersilie, Basilikum (alternativ TK-Kräuter)

1. Möhren und Kartoffeln schälen, waschen und in etwa 2 cm große Stücke schneiden. Die Bohnen waschen, die Enden abschneiden und eventuell die Fäden abziehen. Nach Belieben die Stangen halbieren oder dritteln. Den Blumenkohl waschen, den Strunk entfernen und die Röschen abtrennen. Die Zwiebeln schälen und fein hacken.

2. Butter oder Öl in einem Topf erhitzen. Zwiebeln, Kartoffeln und Bohnen darin etwa 5 Minuten unter Rühren dünsten. Dann die Brühe zufügen, zum Kochen bringen und zugedeckt etwa 5 Minuten bei mittlerer Hitze kochen.

3. Dann die Möhren, Blumenkohlröschen und Tomaten zufügen und zugedeckt etwa weitere 10 Minuten mitkochen.

4. Für den Essanfänger eine Portion Eintopf abnehmen und mit dem Mixstab fein pürieren. Den restlichen Eintopf mit Salz und Pfeffer abschmecken und mit Kräutern bestreut servieren. Dazu passt Baguette.

Gemüse-Pommes

Pro Portion: E: 11g, F: 23g, Kh: 41g, kcal: 442 | **Zubereitungszeit:** 30 Minuten | **Garzeit:** ca. 35 Minuten

Zutaten für 4 Portionen:

Für die Gemüsepommes:
400 g Kohlrabi
500 g Möhren
200 g Petersilienwurzel
750 g große, festkochende Kartoffeln
4 EL Rapsöl

Für den Quarkdip:
½ Bund Dill
einige Stängel Petersilie
½ Bund Schnittlauch
500 g Speisequark (20 % Fett)
Salz, Pfeffer

1. Den Backofen auf 200 °C (Umluft 180 °C) vorheizen. Für die Gemüsepommes Kohlrabi, Möhren, Petersilienwurzel und Kartoffeln putzen, schälen, Kartoffeln waschen und trocken tupfen. Alles in etwa 1 cm dicke Stifte („Pommes") schneiden.

2. Das Gemüse auf ein mit Backpapier belegtes Backblech geben und mit dem Öl vermengen. Im Ofen (Mitte) etwa 35 Minuten garen, dabei nach der Hälfte der Zeit einmal wenden.

3. Inzwischen für den Quarkdip die Kräuter abspülen, trocken schütteln, die Blättchen abzupfen und fein hacken. Den Schnittlauch in feine Röllchen schneiden. Die Kräuter unter den Quark rühren.

4. Für den Essanfänger eine Portion Gemüsepommes mit Dip beiseitelegen, den Rest für die Erwachsenen mit Salz und Pfeffer würzen und servieren.

 **TIPP**

In den Kräuterdip darf rein, was gefällt und gerade verfügbar ist, zum Beispiel Basilikum, Thymian, Bohnenkraut, Kerbel ...

Kartoffel-Tortilla

Pro Portion: E: 26g, F: 26g, Kh: 19g, kcal: 416 | **Zubereitungszeit:** 25 Minuten, ohne Abkühlzeit | **Garzeit:** 45–50 Minuten

Zutaten für 4 Portionen:

500 g festkochende Kartoffeln
200 g Kochschinken oder magere Speckwürfel
6 Eier
6 EL Milch (3,5 % Fett)
Paprikapulver (edelsüß)
1 Knoblauchzehe
½ Bund glatte Petersilie
5 EL Rapsöl

1. Die Kartoffeln gründlich waschen, mit Wasser bedecken und mit geschlossenem Deckel zum Kochen bringen. Die Kartoffeln 20 bis 25 Minuten gar kochen. Dann in ein Sieb abgießen, abschrecken und kurz abkühlen lassen. Anschließend die Kartoffeln pellen, in Scheiben schneiden und erkalten lassen.

2. Den Schinken in Streifen schneiden. Die Eier in einen hohen Rührbecher aufschlagen und mit der Milch verquirlen. Den Knoblauch schälen, fein hacken und unterrühren. Die Petersilie waschen, trocken schütteln, Blättchen abzupfen und hacken.

3. Den Backofen auf 180 °C (Umluft 160 °C) vorheizen. Das Öl portionsweise in einer großen Pfanne erhitzen. Die Kartoffelscheiben portionsweise darin anbraten. Etwa die Hälfte der Petersilie und der Schinkenstreifen unterrühren.

4. Die angebratenen Kartoffeln in einer gefetteten Tarteform (28 cm Ø) verteilen. Die Eiermasse daraufgießen und die restlichen Schinkenstreifen darübergeben. Die Form auf dem Ofengitter (Mitte) in den vorgeheizten Backofen schieben. Die Tortilla etwa 25 Minuten garen, bis die Masse gestockt ist.

5. Die Tortilla vor dem Servieren mit der restlichen Petersilie bestreuen, eine Portion für das Kind abnehmen und die restliche Tortilla mit Salz und Pfeffer bestreut servieren. Dazu passt ein großer bunter Salat.

Stichwortregister

Aufbewahren 52
Auftauen 10
Ballaststoffe 14, 16, 28, 36, 37, 38
Beikost 8, 9, 19, 23, 34, 38, 58, 72, 94, 96, 98
Beikostprodukte 15
Beta-Carotin 38
Bio(ware) 9, 13, 19, 20, 30, 31, 35, 39, 41, 42, 78
Breizubereitung 10
Butter 42, 43
Dritter Brei 14
Einfrieren 10, 60
Eisen 9, 13, 14, 16, 19, 24, 28, 32, 34, 35, 37, 41, 52, 54, 90, 92
Eiweiß 13, 16, 19, 28, 35, 37
Erbsen 12, 16, 28, 29, 32
Erdbeere 14, 16, 29, 30, 31
Erster Brei 12
Fenchel 12, 24, 32, 33
Fett 15, 16, 19, 34, 35, 42, 43, 56
Fisch 12, 22
Fleisch 8, 9, 10, 12, 16, 17, 22, 24, 34, 35, 37
Folsäure 30, 32, 33
Fruchtzucker 41, 78
Gemüsezubereitung 21
Getreide 12, 13, 16, 24, 36, 37
Honig 17
Jod 16, 19, 22
Kalium 32, 33, 38, 43
Kalzium 13, 16, 19, 90
Kuhmilch 19
Kupferrohr 18
Kürbis 9, 12, 14, 38, 39, 54
Lagerung 20, 21
Leitungswasser 18
Mikrowelle 10, 23
Milchersatzprodukte 19
Mineralwasser 18
Nährstoffe 8, 13, 14, 16, 21, 24, 37, 90

Omega-3-Fettsäuren 12, 19, 22, 35, 42
Orange 16, 24, 30, 40, 41
Rapsöl 9, 15, 16, 22, 42, 43
Salz 10, 15, 17, 43, 56
Sekundäre Pflanzenstoffe 20, 30, 41
Tee 18, 33
Tiefkühlkost 14, 29, 76
Übergewicht 41
Vegan 24
Vegetarisch 9, 13, 24, 28, 37, 52, 92
Vitamin C 9, 12, 13, 14, 16, 23, 24, 30, 32, 33, 41, 54
Zink 13, 35, 37
Zucker 13, 15, 17, 18, 35, 43, 56, 64, 74
Zweiter Brei 13

Register alphabetisch

A–B

Apfelpfannkuchen	114
Apfel	
Apfelpfannkuchen	114
Getreide-Obst-Brei	86
Beeren	
Birne-Mehrkorn-Brei	82
Blaubeer-Grieß-Brei	76
Dinkel-Birnen-Brei mit Himbeeren	94
Dinkel-Kirsch-Brei	78
Hafer-Joghurt-Brei mit Himbeeren	74
Vollkorngrieß mit Erdbeeren	96
Birne-Mehrkorn-Brei	82
Blaubeer-Grieß-Brei	76
Brokkoli-Brei mit Rinderfilet	56

D–E

Dinkel-Birnen-Brei mit Himbeeren	94
Dinkel-Kirsch-Brei	78
Erbsen	
Pastinaken-Erbsen-Brei	52
Spaghetti mit Erbsen-Carbonara	104
Spaghetti-Erbsen-Brei	104

F

Fenchelbrei mit Schweineschnitzel	66
Fenchel	
Fenchelbrei mit Schweineschnitzel	66
Grundrezept Gemüse-Kartoffel-Getreide-Brei	50
Fleisch	
Brokkoli-Brei mit Rinderfilet	56
Fenchelbrei mit Schweineschnitzel	66
Frikadellen mit Möhren	116
Grundrezept Gemüse-Kartoffel-Fleisch-Brei	48
Kartoffel-Kürbis-Brei mit Rind	110
Kartoffel-Kürbis-Pfanne mit Rind	110
Kohlrabibrei mit Hähnchen	62
Pasta mit Putenbrust und Orangensauce	108
Petersilienwurzelbrei mit Schweinefilet	64
Puten-Zuckerschoten-Brei mit Nudeln	108
Tomaten-Sellerie-Brei mit Rind	58
Zucchinibrei mit Putenbrust	60
Frikadellen mit Möhren	116

G

Gemüsecurry mit Kichererbsen	106
Gemüse-Eintopf	118
Gemüse-Pommes	120
Grundrezept	